Asmâa El Ouerkhaoui

Conception de moteurs de recherche verticaux

Asmâa El Ouerkhaoui

Conception de moteurs de recherche verticaux

Conception et mise en oeuvre de moteurs de recherche génériques

Presses Académiques Francophones

Impressum / Mentions légales

Bibliografische Information der Deutschen Nationalbibliothek: Die Deutsche Nationalbibliothek verzeichnet diese Publikation in der Deutschen Nationalbibliografie; detaillierte bibliografische Daten sind im Internet über http://dnb.d-nb.de abrufbar.
Alle in diesem Buch genannten Marken und Produktnamen unterliegen warenzeichen-, marken- oder patentrechtlichem Schutz bzw. sind Warenzeichen oder eingetragene Warenzeichen der jeweiligen Inhaber. Die Wiedergabe von Marken, Produktnamen, Gebrauchsnamen, Handelsnamen, Warenbezeichnungen u.s.w. in diesem Werk berechtigt auch ohne besondere Kennzeichnung nicht zu der Annahme, dass solche Namen im Sinne der Warenzeichen- und Markenschutzgesetzgebung als frei zu betrachten wären und daher von jedermann benutzt werden dürften.

Information bibliographique publiée par la Deutsche Nationalbibliothek: La Deutsche Nationalbibliothek inscrit cette publication à la Deutsche Nationalbibliografie; des données bibliographiques détaillées sont disponibles sur internet à l'adresse http://dnb.d-nb.de.
Toutes marques et noms de produits mentionnés dans ce livre demeurent sous la protection des marques, des marques déposées et des brevets, et sont des marques ou des marques déposées de leurs détenteurs respectifs. L'utilisation des marques, noms de produits, noms communs, noms commerciaux, descriptions de produits, etc, même sans qu'ils soient mentionnés de façon particulière dans ce livre ne signifie en aucune façon que ces noms peuvent être utilisés sans restriction à l'égard de la législation pour la protection des marques et des marques déposées et pourraient donc être utilisés par quiconque.

Coverbild / Photo de couverture: www.ingimage.com

Verlag / Editeur:
Presses Académiques Francophones
ist ein Imprint der / est une marque déposée de
OmniScriptum GmbH & Co. KG
Heinrich-Böcking-Str. 6-8, 66121 Saarbrücken, Deutschland / Allemagne
Email: info@presses-academiques.com

Herstellung: siehe letzte Seite /
Impression: voir la dernière page
ISBN: 978-3-8416-2497-0

Résumé

Le Web-mining (fouille de donnée à partir du Web) est une technologie qui permet de mettre en œuvre des moteurs de recherche verticaux permettant aux utilisateurs d'accéder à travers la même interface aux résultats de plusieurs sources de données préconfigurées (moteurs de recherche, annuaires, catalogues en ligne, etc...). Grâce au paramétrage de cet environnement et à une technologie sémantique unique, nous pouvons adapter les robots d'indexation du web à tous types de sources web par une configuration simplifiée et rapide. Les données ainsi collectées sur un nombre quelconque de sites web sont alors combinées et indexées sous forme d'entrepôt de données (Data warehouse).

Pour ce faire, il a fallu opter pour le format standard XML pour les pages Web collectées. Contrairement au langage HTML, XML permet à des programmes informatiques de parser les documents web. Ainsi, la pré-configuration des sources de données passe d'abords par une XML-isation de celles-ci. Nous avons proposé une approche d'extraction inductifs (WIEBMat : Wrapper Induction Environement Based on Matrices) qui se base sur les instances exemples et sur les technologies XML notamment XHTML/XML et XSLT. Dans le cas des méthodes utilisant des instances exemples, l'objectif est de construire un ensemble de motifs pouvant s'appliquer à toute page Web d'une source de données Web.

http://www.Compiu.com est l'implémentation de WIEBMat, cet outil se distingue des travaux existants sur plusieurs points :

La généricité : WIEBMat peut être dédiés à toutes sortes de domaine de recherche notamment le e-commerce.

L'introduction du terme : **'taux d'XML-isation'** qui est le seuil qui permet de dire si une page Web est convertible au format XML ou pas (taux d'XML-isation> 0,37).

La modification de la notion des délimiteurs utilisés pour la validation de l'adaptateur inductif, cette vue palie aux inconvénients des anciennes définitions concédées aux délimiteurs et aux motifs précédemment énoncées dans la littérature.

La **limitation du nombre d'instances exemples initialement utilisées** à la valeur de deux (au cas où ce nombre n'est pas suffisant, le système notifie l'utilisateur de fournir de nouvelle entrées).

L'**utilisation du concept des matrices logiques** pour résoudre le problème de l'extraction de données non-pertinentes ce qui augmente considérablement le taux de précision.

Enfin, WIEBMat apporte une nouveauté au domaine du Web-mining en réduisant la taille d'un fichier XML pour réduire le temps de réponse d'un adaptateur inductif ce qui par la suite rend cet outil hautement compétitif.

En résumé, la méthode WIEBMat s'appuie sur quatre étapes : un prétraitement de la source de données, ensuite, une recherche des occurrences de l'ensemble des instances exemples, l'extraction des contextes de ces occurrences et finalement leur généralisation. L'évaluation de cette approche a permis de conclure que ce système d'apprentissage inductif est un adaptateur fiable qui s'adapte aux besoins des utilisateurs en lui permettant de spécifier le domaine de recherche et la relation à extraire.

TABLE DES MATIERES

LISTE DES FIGURES

Liste des tableaux

Abbreviation

URL : Unified Ressource Locator

MRV: Moteur de recherche vertical

MRH: Moteur de recherche horizontal

TV: Tableau de vérité

MTC: http://www.maroctelecommerce.com/annuaire.html

TX: Taux d'XMLisation

Regex: Regular expression (expressions régulières: motif qui représente une syntaxe précise d'un ensemble de chaîne de caractères.)

BFS: Breadth-first search

DFS: Deep-first search

DEG: Degree search

RND: Random search

B to B : Business to business

B to C: Business to Customer

Chapitre 1 : Contexte général et problématique

Ce chapitre présente le contexte général de cette thèse ainsi que la problématique abordée. Les principales contributions réalisées sont ensuite introduite avant de préciser le plan de ce mémoire.

I. La recherche et l'extraction de données à partir du Web

Ce sujet de thèse s'inscrit sous la thématique de la recherche et de l'extraction d'information à partir du Web. A cause d'une évolution exponentielle avec une entropie très élevée, le Web devient impossible à mesurer et à indexer en entier, actuellement, seule une petite partie est indexée, l'autre partie, appelée le Web profond est inaccessible par les outils de recherche. Les travaux de cette thèse effectuent une recherche et une extraction d'informations à partir de cette zone du Web.

Selon une étude de recensement fournit par l'UIT (Union International de Télécommunication) en Mai 2013, 43% des internautes se disent insatisfaits quant aux résultats de leurs recherches. Il est donc primordial d'accompagner l'évolution du Web par l'élaboration d'outils de recherche précis qui répondent aux critères d'un système extraction d'information (I.E.S) et qui offrent aux utilisateurs des résultats pertinents.

Les critères d'un I.E.S sont :

✓ Flexibilité de développement.
✓ Faible coût.
✓ Adaptation aux besoins des internautes.

La recherche d'information à partir du Web est basée sur:

✓ Recherche lexicale : associations de termes et d'opérandes.
✓ Recherche syntaxique : recherche par formes syntaxiques et synonymes de termes.

✓ Recherche sémantique : recherche par analyse linguistique de termes.

✓ Recherche statistique : recherche par pertinences de termes dans les pages résultats.

Ces quatre techniques de recherches sont implémentées dans plusieurs outils de recherche largement utilisés tels que les moteurs de recherches, le Méta-moteurs de recherche, etc.

Un outil de recherche sur le web peut être schématisé par la figure 1.1 suivante :

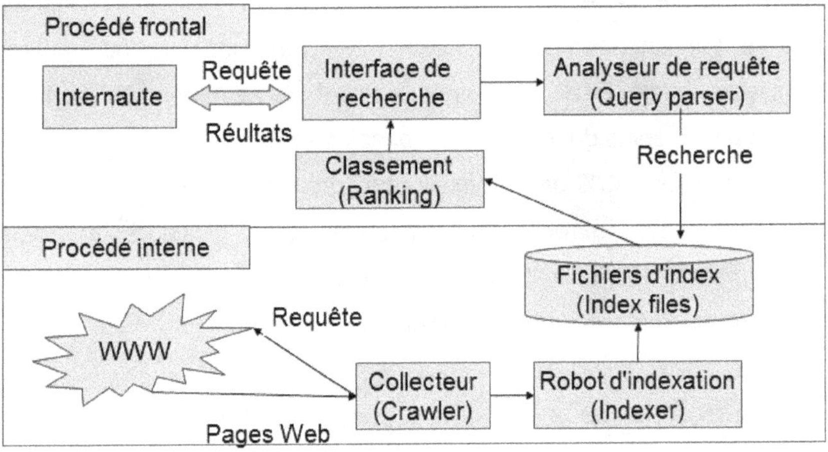

Figure 1.1 - Architecture d'un outil de recherche sur le Web

En procédé frontal, l'internaute envoie une requête via une interface de recherche, celle-ci est interceptée par un analyseur de requête qui utilise une des quatre techniques de recherches citées.

En procédé interne, un collecteur (Crawler) parcourt continuellement le Web à la recherche de nouvelles pages Web qui sont indexées et stockées dans des serveurs, ces pages sont ensuite consultées par l'analyseur de requête via des fichiers d'index pour être délivrées à l'utilisateur. Dans certain cas, un algorithme de classement est utilisé pour mesurer quantitativement la popularité des pages Web.

Dans nos travaux, nous optons pour ce type d'architecture à la seule condition de faire une analyse de besoin et de spécifier le domaine de recherche, en d'autres termes, miser sur des moteur de recherches verticaux.

II. Problématique

Un moteur de recherche vertical (MRV) est un outils de recherche focalisé sur un secteur, une spécialité professionnelle ou contenu transverse dédié B2B. Le développement de la recherche verticale émane des besoins du marché, ces besoins sont:

- ✓ Seulement 43% des professionnels trouvent ce qu'ils désirent via un moteur de recherche horizontal, après plusieurs tentatives. (Impact de l'utilisation d'Internet sur la qualité perçue et la satisfaction du consommateur. S.Rolland-Université Paris-Dauphine. Avril, 2012)
- ✓ La moitié de ceux qui trouvent pas se dirigent vers un moteur de recherche vertical.
- ✓ 38% estiment qu'il y a un manque de bons moteurs de recherche verticaux dans leur secteur.
- ✓ Le marché des outils de recherche verticaux B2B croit chaque année avec un taux de 15%.
- ✓ L'accès au marché des outils généralistes est devenu impossible: barrières technologiques et financières, prédominance de des moteurs de recherche horizontaux.

✓ Source d'augmentation de revenus pour les éditeurs de contenus spécialisés.

✓ Les pertes de temps liées à la recherche d'information (tableau 1.1)

	Heures par semaine	Temps passé à la collecte %	Temps passé à l'analyse	Impact sur la productivité
2009	8	44	56	NA
2010-2011	10.9	52	48	-4.3%
2011-2012	12.2	55	45	-6.2%

Tableau 1.1 Pertes de temps liées à la recherche d'information à partir du Web

Un MRV est composé de quatre grands composants schématisés dans la figure 1.2:

| Collecteur > Extracteur > Intégrateur > Indexeur >

Figure 1.2 –Composants d'un moteur de recherche vertical

2.1   Les collecteurs (Crawlers)

Les collecteurs sont des programmes fonctionnant en mode interne pour explorer automatiquement et régulièrement le Web. Actuellement, il existe deux techniques de Crawling, ceux basées sur la théorie des graphes [BLW86] qui modélise le Web sous la forme d'une structure hiérarchique, et les techniques des Registrare de noms de domaines où pour chaque domaine donnée (.org, .com, .net, etc.) il existe des registre appelé TLD (Top Level Domaine) qui avertissent les Crawlers de la création de nouveaux noms de domaines. Dans nos travaux, nous avons choisis de travailler avec les collecteurs basés sur les structures de graphes.

Une structure de graphe dans le Web [BRO00] est définit par des nœuds (vertices) qui représentent des URLs et des arcs (Edges) qui représentent les hyperliens entre deux nœuds voisins.

En raison du grand nombre d'URLs que contient un annuaire en ligne, ce type de nœuds est souvent utilisé comme racine de la structure de graphe de la partie du Web sur laquelle agit le MRV. Les nœuds enfants sont ensuite analysés pour donner de nouvelles ramifications. Il est primordial de souligner en trait continu un lien existant entre deux nœuds et en pointillé un lien non-existant. La figure 1.3 représente une structure de graphe du Web réduite :

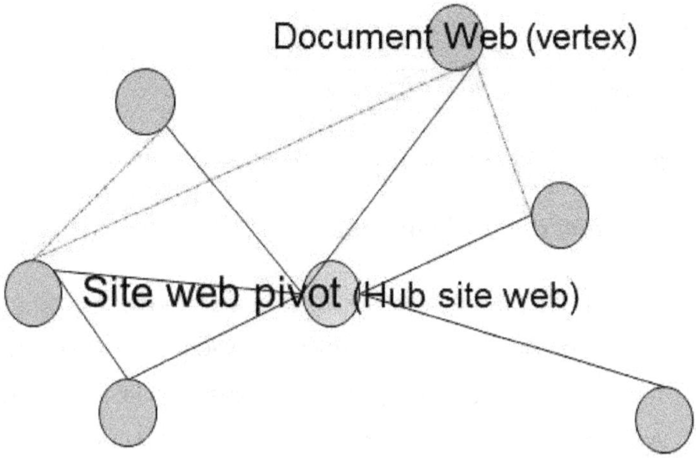

Document Web (vertex)

Site web pivot (Hub site web)

Figure 1.3 – Structure de graphe dans le Web

La théorie des graphes définit les critères d'établissement d'une structure de graphe comme suit:

✓ Fort coefficient de clustérisassions : rapport entre le nombre de triangles dans le nœud est le sommet et le nombre de sous graphes voisin sur deux arcs et trois sommets.

$$C_i = \frac{\lambda_G(v)}{\tau_G(v)}$$

i :   Position d'un sommet

v :Sommet (vertex)

$\lambda_G(v)$: Nombre de triangles dans le sommet est le nœud v

$\tau_G(v)$: Nombre de sous graphes sur 2 arcs / 3 sommets dans le graphe G.

✓ Faible distance moyenne :moyenne des distances entre tous les nœuds voisins d'un graphe G.

$$\overline{dist} = \sum_{u \not\equiv v} \frac{dist(u, v)}{C_n^2}$$

Dist(u,v) :   Distance entre deux nœuds voisins

C_n^2 : Coefficient de clustérisassions

✓ Degrés de distribution suivant une loi de puissance linéaire : le degré d'un nœud est le nombre de nœuds voisins. Le degré de distribution $p(k)$ est le rapport entre le nombre de nœuds ayant un degré k et le nombre total de nœuds du graphe G.
Le degré de distribution d'un graphe Web suit alors une loi de distribution représentée par la formule : log(y) = k log(x) + log(a).

✓ Connexité : adopter une stratégie qui selon un degré de priorité vérifie la validité d'un nœud visité. Le graphe de la structure du

Web est connexe s'il existe une chaine reliant chaque couple de sommets.

✓ Source unique : L'URL choisit comme racine de la structure du graphe doit contenir un nombre important d'URLs enfants qui à leurs tours contiennent un nombre important de nœuds pour pouvoir vérifier le critère suivant.

✓ Fort ouverture vers l'inconnu : Forte ouverture vers plusieurs niveaux de recherche.

✓ Une structure de graphe en nœud de papillon [KBM99] (voir figure 1.4) : Une structure nœud de papillon est formé de trois zones, la zone centrale (SCC : StrongConnected Components) dans laquelle tous les nœuds sont accessibles. Une **zone IN** dans laquelle les nœuds permettent d'accéder à la zone centrale sont être accessible en retour et une **zone OUT** où à partir des nœuds de la **zone SCC** il est possible d'accéder aux nœuds de la zone centrale sans qu'il n'y ait de lien de retour.

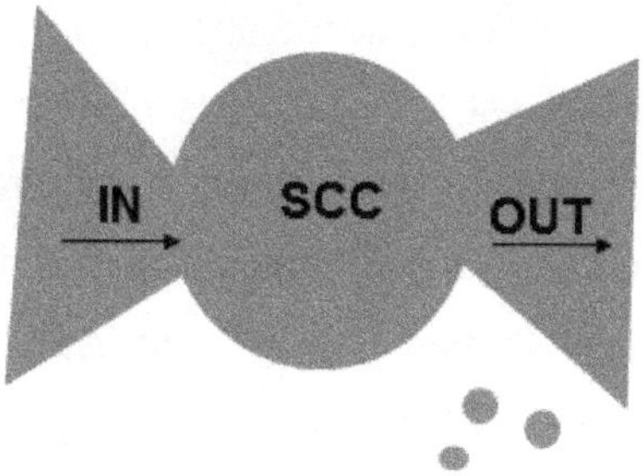

Figure 1.4 – Structure de nœud de papillon

La construction d'une structure d'un graphe de Web est basée sur quatre stratégies de recherche à travers les nœuds :

✓ Recherche en largeur (BFS : Breadth-first search) [HLR09]

✓ Recherche en profondeur (DFS :Deep-first search) [HLR01]

✓ Recherche par sommet (DEG : Higher Degree)

✓ Recherche aléatoire (RND: Random)

L'optimisation du collecteur prend en considération :

✓ L'analyse de la demande et des performances du réseau (application parsing and network performance)

✓ Limitation basée sur le domaine (Domain-basedThrottling). e.g : e-commerce, médical, etc....

✓ La gestion des URLs (URL handling)

✓ Gestion des collecteurs selon la structure de données (Crawl Manager Data structure)

✓ Politique d'ordonnancement et gestion de performance (Schedulingpolicy and Manager Performance)

2.2 Les extracteurs (Extractors)

La problématique de l'extraction de données réside dans la ou les techniques à adopter pour extraire des informations à partir des pages Web fournit par le collecteur. Il existe actuellement trois techniques pour se faire :

✓ Les approches manuelles : trouver manuellement les motifs qui définissent les données pertinentes dans une page web et écrire un programme spécifique pour chaque page. Cette approche est donc manuelle et supervisé.

✓ Les adaptateurs inductifs : Utiliser des instances exemples pour construire un adaptateur d'apprentissage supervisé semi-automatique.

✓ Les extracteurs automatiques : Découvrir automatiquement les régularités à partir de plusieurs pages web pour construire un adaptateur non supervisé.

2.3 Les intégrateurs (Integrators)

Pour intégrer les données extraites dans un système de donnée unifié, uniforme et structuré, l'intégrateur doit faire face à quatre problématiques principales :

✓ Tokenisation : Recherche de formes atomiques de la donnée extraite

✓ Expansion : Calcul des combinaisons possibles à partir des formes atomiques

✓ Suppression des mots vides et stemmings : Suppression des mots vides, espaces blancs, chaines vides, etc. Retrouver les racines des mots constitués.

✓ Standardisation : Donner un format standard au terme construit.

2.4 Les indexeurs (Indexors)

Enfin, la problématique de l'indexation et de recherche des données extraits subsiste dans la possibilité de fournir un système qui permet de classer l'ensemble des ressources et qui permet la recherche d'une ressource spécifique suivant un algorithme d'indexation qui doit répondre à quatre critères :

✓ Evaluation de la pertinence des résultats de recherche.

✓ Rapidité du traitement de l'analyseur de requête.

✓ Support de requête simple.

✓ Utilisation de méthode d'expansion de requête.

III. Synthèse

La construction d'un MRV passe par la mise en œuvre et la conception d'un collecteur de pages Web, un extracteur d'informations, un intégrateur de ressources et un indexeurs de données. Ces quatre étapes présentent les limites suivantes:

- ✓ Découvertes de ressources : manque de sites Web pivot performants et spécialisés dans des domaines de recherche spécifiques

- ✓ Prétraitement, extraction et sélection : développer des outils universels capables d'effectuer l'extraction d'information automatiquement à partir de n'importe quelle ressource sur le Web quel que soit son format.

- ✓ Généralisation et classification des ressources Web : Offrir aux internautes uniquement les informations susceptibles de les intéresser.

- ✓ Analyse : Annotation des résultats par des spécialistes du domaine

IV. Contribution de la thèse

Dans l'objectif de contribuer à la résolution des problèmes de recherche et d'extraction de données à partir du Web, nous nous sommes intéressés au problème de la construction de MRV. Nous avons proposé un nouveau système de recherche et d'extraction d'information (IE system : Information Extraction system). En entrée de ce système, l'utilisateur donne un ensemble d'instances exemples d'une relation à extraire. A partir de ces entrées, notre système construit des motifs permettant l'extraction de nouvelles instances.

Comparé aux méthodes proposées dans la littérature, notre approche présente l'avantage de traiter à la fois le problème des valeurs manquantes, le problème de l'ordre des données et le problème de la hiérarchie des données. De plus, notre méthode ne nécessite pas l'étiquetage des pages Web et ne requiert pas une grande intervention humaine.

V. Organisation du mémoire

Ce mémoire de thèse est organisé en cinq chapitres, ce premier chapitre est consacré au contexte général et à la problématique abordée.

Le deuxième chapitre est dédié à un état de l'art sur l'extraction d'information à partir du Web. Cet état de l'art liste les approches d'extraction de données à partir du Web qui présente les meilleurs résultats. Nous avons classés ces approches selon quatre catégories : les méthodes à base de pages étiquetées, les méthodes structurelles, les méthodes à bases d'instances exemples et les méthodes à base de connaissances.

Les constatations du deuxième chapitre conduisent dans le troisième chapitre à une première partie consacrée à la description des difficultés liées aujourd'hui à l'extraction de données à partir du Web, ainsi que les besoins qui ont guidé vers la genèse de notre nouvelle approche basée sur la généralisation des contextes d'occurrences d'un ensemble d'instances d'exemples. La deuxième partie détaille cette méthode, son fonctionnement et son processus. Ainsi, nous détaillons dans ce chapitre toutes les problématiques que nous avons pu résoudre.

Nous proposons dans le quatrième chapitre, la mise en œuvre et la validation de l'approche WEIBMat. Nous avons testé cette approche sur trois types de sources de données Web qui sont : les annuaires, les moteurs de recherche et les catalogues en ligne pour pouvoir concevoir l'application BERG qui est un générateur de Meta moteur de recherche dédié au domaine d'achat de produits divers à partir du Web (comparateur de prix).

Le dernier chapitre clôture ce document en rappelant les propositions de cette thèse, et en donnant des perspectives possibles sur le plan d'approfondissement des travaux réalisés ainsi que sur un plan d'élargissement du domaine de recherche.

Chapitre 2 : Etat de l'art

Ce chapitre expose un état de l'art sur les méthodes de recherche et d'extraction de données à partir du Web. Cet état de l'art constitue une vue d'ensemble des travaux existants permettant ainsi de positionner les propositions de cette thèse.

I.   Introduction

L'extraction de données à partir du Web a pour but l'exploitation maximale du contenu d'information présent sur le Web. Ce dernier contient plusieurs sources de données (des moteurs de recherche, des annuaires, des catalogues en ligne, etc.). L'interrogation de ces outils se fait à travers un ou plusieurs formulaires. Une fois ces documents remplis, leurs soumissions permettent de construire des requêtes dont l'exécution générera une ou plusieurs pages réponses.

La principale motivation derrière l'extraction de données vient du nombre croissant de sources d'information présentes sur Internet. Il est assez difficile de pouvoir tirer le meilleur de ses sites WEB vu que leurs constructeurs sont différents. Grâce aux systèmes d'extraction de données, il est actuellement possible de réunir la qualité et la quantité des résultats offerts par ces sources informationnelles.

L'interrogation de ces sources se fait à travers un ou plusieurs formulaires. Une fois remplis, ces formulaires permettent de construire des requêtes respectives dont leurs exécutions engendrent des réponses qui vont prendre la forme d'une ou plusieurs pages WEB.

Pour pouvoir exploiter les données proposées par ces sources, nous profitons de la structuration respectée par ces derniers. En effet, les pages WEB résultantes de la recherche de ces outils suivent toutes un même format. Il est vrai que ces pages Web sont codées le plus souvent en HTML qui est un langage mal structuré. En revanche, nous allons pouvoir transformer les pages Web au langage XML qui est un langage qui n'admet pas d'erreurs de balisage ce qui rend ce type de documents complètements lisible par des machines (Readable documents). Les adaptateurs seront ainsi les programmes construits dans le but d'extraire de la donnée pertinente de cet ensemble de pages et pas seulement d'une seule source, mais à partir de sources appartenant à un même domaine de recherche. Nous parlons ainsi de la généricité de ce mécanisme. Cela n'empêche pas bien évidemment de l'appliquer à n'importe quel document WEB. Mais il est plus intéressant de construire un outil dédié à un domaine de recherche spécifique.

II. Fouille du Web et apprentissage automatique

La fouille du Web (Web-mining) est basée sur des techniques de fouilles de données (data mining) et d'apprentissage automatique (Machine learning).

2.1   Fouille du Web (Web Mining)

Le Web Mining se divise en trois grandes sous familles : la fouille du contenu du Web (Web Content Mining), la fouille de la structure du Web (Web Structure Mining) et la fouille de l'usage du Web (Web Usage Mining).

✓ **Fouille du contenu du Web (Web Content Mining) :** Application des techniques de fouilles de données (Data Mining) à des documents HTML non structurés ou semi structurés. C'est un procédé de fouille de données pertinentes à partir du texte, de l'image, d'audio ou de la vidéo à partir du Web. Parfois aussi appelé le Web Text Mining parce que dans la plupart des cas c'est le contenu textuel qui est recherché.

✓ **Fouille de la structure du Web (Web Structure Mining) :** Utilisation de la structure des liens hypertextes d'une page Web comme une source informationnelle. C'est un procédé qui utilise la théorie des graphes pour analyser les nœuds et les structures de connections d'un site Web. Ce type de fouille de données se partage aussi en deux sous familles : la première catégorie est celle qui extrait les motifs des liens hypertextes à partir du Web (un lien hypertexte est un composant structurel qui interconnecte les pages Web de différentes positions). La seconde catégorie du Web Structure Mining est la fouille de la structure du document, elle utilise l'analogie des arbres pour décrire et analyser les balises HTML ou XML dans une page Web.

✓ **Fouille de l'usage du Web (Web Usage Mining) :** Analyse les interactions de l'utilisateur avec un serveur Web. C'est un procédé qui se base sur la quantité de données enregistrées dans les fichiers de type access log qui contiennent les informations concernant les accès d'un internaute à un serveur Web et l'extraction de motifs séquentiels. Ces méthodes permettent de mettre en évidence des comportements fréquents. Cette technique permet d'extraire par exemple un taux qui précise combien d'utilisateurs naviguent sur le site dans un ordre particulier en consultant la page d'accueil puis la page concernant la guerre en Irak, puis le CAC40 puis reviennent sur la page d'accueil avant de consulter leurs mail en tant qu'abonnée.

Nous nous sommes intéressés durant cette thèse à la fouille du contenu du Web et plus précisément le contenu textuelle d'une page Web.

2.2 Apprentissage automatique

L'apprentissage automatique est une technique de développement, d'analyse et d'implémentation automatique. Cette technique vient compléter la fouille du Web, en automatisant la tâche d'analyse des données extraits et leurs intégrations dans une structure unifiée et standard.

III. Définitions

Définition : Adaptateur

Un adaptateur peut être représenté par un ensemble M de k-motifs.

Définition : Balisage

Le balisage se compose de balises ouvrantes, de balises fermantes, de balises d'éléments vides, d'appels d'entité, d'appels de caractère, de commentaires, de délimiteurs de section de type CDATA, de déclarations de type de document, d'instructions de traitement, de déclarations XML, de déclarations de texte et de tout blanc se trouvant au niveau supérieur de l'entité document (c'est-à-dire, en dehors de l'élément document et à l'extérieur de tout autre balisage).

Définition : Document

Un document est un fichier XML composé de deux parties : une partie textuelles (donnée pertinentes+ bruit) et une partie composée de balises qui constitue le squelette du document

Définition : Données textuelles

Tout le texte qui n'a pas du balisage constitue les données textuelles du document.

Définition : Délimiteur gauche-Préfixe

Soit R une relation de k éléments à extraire (e1,…ek), et le tuple m qui forme le k-motif M tel que m= $(p_0,…,p_k)$, un délimiteur gauche (préfixe) de l'élément e_i tel que $0 \leq i \leq k$ f est la partie d'indice i-1 du motif M.

Définition : F-Mesure

Une mesure populaire qui combine la précision et le rappel est leur pondération, nommée F-mesure (soit F-measure en anglais)

Définition : Instance

Une instance est une instanciation d'une relation n-aire (e.g('Emile Zola','Germinal'))

Définition : Logique SI-ALORS

Une logique SI-ALORS réécrit une table de vérité de départ avec la définition:

SI		ALORS	
Entrées		Sortie	
A	B	Y	Z
0	0	0	1
0	1	1	0
1	0	1	1
1	1	1	0

Définition : Matrice logique

Les matrices logiques sont des matrices de dimensions variables, les éléments des M.L sont uniquement des 1 et des 0. La forme binaire des M.L peut être vu comme des notions vrai ou faux lorsque le concept des M.L utilise un ensemble de clause E définit par la logique SI-ALORS.

Définition : Motif

Un k-motif est un (k+1) tuple (p0,...,pk) ou chaque pi représente une partie d'un motif, une partie est une chaine textuelle qui représente le suffixe ou le préfixe de la donnée pertinente. Ces parties peuvent être des balises ou tout simplement du texte.

Définition : Motif valide

Un k-motif m= (p_0,...,p_k) est valide si et seulement si pour tout i, $0 \leq i \leq k$, la valeurs de p_i n'est pas quelconque.

Définition : MRV (Moteur de Recherche Vertical)

Outil de recherche focalisé sur un secteur ciblé

Définition : MRV (Moteur de Recherche Horizontal)

Outil de recherche générale dont l'objectif est de collecter un maximum d'informations sur les pages Web afin de permettre aux internautes de les trouver plus facilement par simple mots-clefs

Définition : Occurrence

Une occurrence s dans un document d d'une instance t=(v1,...,vn) est un tuple (s1,...,sn) ou chaque élément est un couple de positions (bi,...,ei) tel que pour tout i,vi =d[bi,ei].

Définition : Source

Une source de données, dans le contexte du Web, se définit comme un ensemble de documents. Ainsi, formellement une source est un sous ensemble de documents XML dans notre cas de figure.

Définition : Suffixe structurel/Préfixe structurel

Soit les deux instances exemples suivantes t=(t1,..., tn) et t'=(t'1,..., t'n) , et soit Ni et N'i les deux nœuds pertinents qui contiennent les valeurs ti et t'i. Notons Pi et P'i les parents respectivement de Ni et N'i. Le suffixe (resp. le préfixe) structurel est le fils commun gauche (resp. droit) des deux nœuds Pi et P'i.

Définition : Relation

Une relation n-aire est un arrangement de n éléments. A la base, une relation constitue la description des éléments que l'utilisateur souhaite extraire, n étant le nombre de ces éléments. (e.g la relation (auteur, titre))

Définition : Taux de précision

Taux mesurant le rapport de la quantité de données pertinente et la quantité de données extraites (pertinentes et bruitées).

Définition : Taux de couverture

La couverture d'un motif p pour une relation R dans un ensemble de documents D est égale à

$$C_D(p,R) = (|\ M_D(p)\ \cap\ R\ |)/|R|$$

Ou $M_D(p)$ est l'ensemble des uplets extraits à partir de D en utilisant le motif p.

Définition : Suffixe Valide/Préfixe valide

Le suffixe (resp. le préfixe) valide de deux valeurs t_i et t'_i est la sous chaîne commune qui se trouve avant (resp. après) t_i et t'_i.

Définition : Table de vérité

Une Table de vérité est un concept sémantique pour représenter le calcul propositionnel classique. Une table de vérité est un tableau qui représente des entrées en binaire (0/1, Vrai/Faux,etc.). Une sortie également sous forme de colonne est le résultat des états d'entrée, elle même exprimée sous forme d'état binaire.

Définition : Taux de rappel

Taux mesurant le rapport de la quantité de données pertinentes extraites et la quantité de données pertinentes existantes dans un document d.

Définition : Taux d'erreur

Le taux d'erreur d'un motif p pour une relation R dans un ensemble de documents D est égale à

$$E_D(p,R) = (|MD(p) - R|) / |MD(p)|$$

Définition : XPath

Dans un document XML, un XPath est une expression qui caractérise un chemin de localisation constitué par une suite d'éléments ou d'attributs séparés par une barre de fraction (« / »), ressemblant au chemin dans un système de fichirs. XPath fournit des fonctions intégrées qui permetent d'utiliser des variables et de définir des filtres et de spécifier des axes. Les chemins de localisation sont divisés en étapes qui ont chacune 3 composants :

- ✓ *Un axe*
- ✓ *Un test de nœud*
- ✓ *Des prédicats*

Définition : XML

XML (Extensible Markup Language), « langage de balisage extensible ») est un langage informatique de balisage générique. Le World Wide Web Consortium (W3C), recommande XML pour exprimer des langages de balisages spécifiques.

Ce langage est qualifié d'extensible car il permet à l'utilisateur de définir ses propres balises. L'utilisateur peut multiplier les espaces de nommage des balises et emprunter les définitions d'autres utilisateurs Le langage XML, contrairement au langage HMTL, n'est pas un langage utilisé dans un but d'affichage mais essentiellement dans un but de structuration de données. Ainsi, il n'admet pas d'erreur de balisage contrairement à son prédécesseur HMTL.

IV. Méthodes de fouille du web

Pour notre état de l'art, nous avons retenu les techniques de fouille du Web proposant les meilleurs taux de précision, taux de rappel. De plus, nous avons préférés les méthodes non-supervisés et qui proposent une extraction automatique.

Ces méthodes sont regroupées selon cinq catégories qui sont :

- ✓ Les adaptateurs à base de pages étiquetées.

- ✓ Les adaptateurs d'extraction de motifs via l'analyse de la structure des documents (les méthodes structurelles).

- ✓ Les adaptateurs d'extraction de relations (les méthodes à bases d'instances exemples).

- ✓ Les adaptateurs de base de connaissances.

- ✓ Les extracteurs automatiques de données affichées dans une page Web

4.1   Les adaptateurs à base de pages étiquetées

4.1.1 Système WIEN [KUS97][KUS00]

Le système WIEN (Wrapper Induction ENvironement) défini un adaptateur comme étant un processus d'extraction d'un tuple de n-uplets d'une source de données spécifique. Prenons l'exemple du schéma de la figure 2.1 :

```
Some Country Codes

Congo 242

Egypt 20

Belize 501

Spain 34

End
```

Figure 2.1 –Aperçu d'une page réponse HTML à requête.

Cette figure est un aperçu d'une page WEB sur le navigateur Netscape, cette page est le résultat d'une requête qui a pour but la recherche du code téléphonique de quelques pays.

La figure 2.2 est l'aperçu du code HTML de la page WEB présentée dans la figure 2.1 :

```
<HTML><TITLE>Some Country Codes</TITLE>
<BODY><B>Some Country Code</B><P>
<B>Congo</B> <I>242<BR>
<B>Congo</B> <I>20<BR>
<B>Congo</B> <I>501<BR>
<B>Congo</B> <I>34<BR>
<HR><B>End</B><BODY></HTML>
```

Figure 2.2 -Aperçu du code HTML de la page WEB de la figure 2.1

Le système WIEN exploite l'aspect structuré de la donnée dans le document HTML. Dans l'exemple transposé dans les figures précédentes, Le système WIEN définit l'adaptateur qui extrait les données pertinentes comme suit :

ExtractCCs (page P)
skip past first occurence of <p> in P
  while next <b> is before next <hr> in P
    for each (lk,rk) belongs to
{(<B>,</B>),(<I>,</I>)}
      skip past next occurence of lk in P
      extract attribute from P to next occurrence of
rk
return extracted tuples
ExtractHLRT (h,t,l1,r1,....,lk,rk) Page P
skip past first occurence of h in P
  while next l1 is before next t in P
    for each (lk,rk) belongs to {(l1,r1),...,(lk,rk)}
      skip past next occurrence of lk in P
    extract attribute from P to next occurrence of
rk
return extracted tuples

Figure 2.3 - Aperçu de l'adaptateur du système WIEN

La donnée pertinente sera localisée grâce aux balises HTML, pour l'exemple de la figure 2.3 l'adaptateur cherche la donnée qui est placée entre les balises <b> et </b > et puis entre les balises <i> et </i>. Ces données se situent après la balise <p> et avant la première occurrence de la balise <hr>.   Ainsi, cet adaptateur fixe deux délimiteurs (l_k, r_k), avec le délimiteur gauche l et le délimiteur droit r. K variera selon le nombre d'instances de données pertinentes existant dans la page Web d'où l'information doit être extraite.

Une matrice L est construite à partir des couples droits et gauches (l_k, r_k). tel que :

$$L = \begin{cases} (b1,1e1,1), \dots, (bm, kem, k) \\ (b1,1e1,1), \dots, (bm', kem, k) \\ (b1,1e1,1), \dots, (bM, KeM, K) \end{cases}$$

Figure 2.1- Label d'une page contenant M uplets d'une relation à K attributs

Dans ce cas de figure, chaque ligne de la matrice L réunit les différentes données extraites d'une page Web selon le tuple de K valeurs bien spécifiées, M est le nombre d'instances de ce tuple présent dans cette page. Par exemple, à partir de la figure 2.2, la matrice L sera égale à :

$$L = \begin{cases} Congo \ 242 \\ Egypet \ 20 \\ Bezil \ 501 \\ Spain \ 34 \end{cases}$$

Figure 2.2 - Le label du document de la figure 2.2

Toutefois, cette méthode ne permet de traiter que 70% des pages contenant des données structurées. Ce résultat est dû au manque d'expressivité des motifs utilisés pour l'extraction de données. Pour combler cette lacune, d'autres méthodes cherchant à construire un adaptateur à partir de pages étiquetées sont apparues.

4.1.2 Système Stalker [MMK98] [MUS99] [MMK02]

Le système Stalker repose aussi sur le système WIEN, cependant, le système Stalker introduit une nouvelle définition des délimiteurs : Soit d'un document Web d composé de trois types de symboles :

- ✓ Les mots (chaînes de caractères alphanumériques).
- ✓ Les symboles (caractères non alphanumérique).
- ✓ Les balises HTML.

Ainsi, $\sum d$ = words(P) U symbols(P) U html(P) où words(P) renvoie les mots contenus dans P, symbols(P) renvoie les symboles (",", ";", ":") contenus dans P et html(P) renvoie les balises HTML ('<b>', '<td colspan="2">', '</i>') contenues dans P. Nous passons d'un document à contenu hiérarchique à un document à contenu tabulaire ce qui sera bénéfique dans la phase d'extraction pour éviter le partitionnement de la donnée pertinente qui ne se trouve pas dans le même bloque mais dans le même nœud. Dans un arbre EC (embedded catalog), il existe trois types de nœuds :

- ✓ Une feuille (élément primitif) e
- ✓ Un nœud liste ayant un unique fils d'
- ✓ Un nœud tuple ayant k fils d1,.,.,dk.

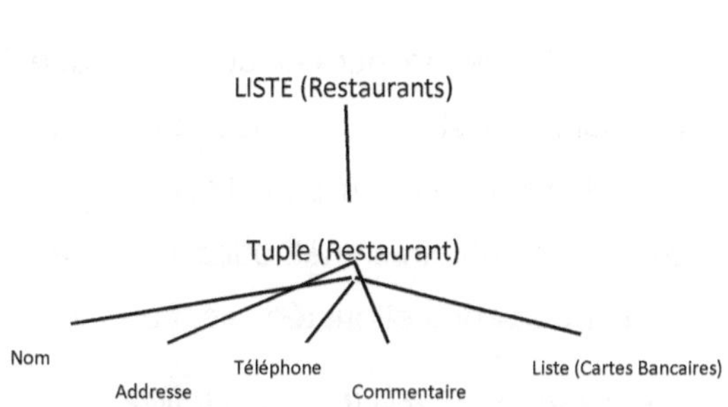

Figure 2.3- Exemple de décomposition d'une page fictif.

Dans la figure 2.6, les nœuds "Nom", "Adresse", "Téléphone", "Commentaire" et "CarteBancaire" sont des feuilles. Le nœud "TUPLE(Restaurant)" est un nœud tuple à 5 fils, et les nœuds LISTE(Restaurants)" et "LISTE (Cartes Bancaires)" sont des nœuds liste.

Dans un document, à chaque nœud n de l'arbre-EC correspond à une ou plusieurs sous-chaînes appelées occurrences. Lorsque le nœud n est une feuille, les occurrences de n correspondent à une valeur à extraire. Dans le cas où n est un nœud tuple chacune de ses occurrences doivent contenir (comme sous-chaînes) une occurrence de chaque nœud fils. Finalement, si le nœud n est un nœud liste alors il devra contenir zéro ou plusieurs occurrences de son nœud fils, formant une liste.

La méthode Stalker proposée par Muslea donne une moyenne de 48% de taux de réussite de 70%, à croire que chercher la complexité pour la résolution d'un problème a un impact catastrophique sur le taux de réussite d'une approche.

Le tableau 2.1 résume ces résultats pour quelques moteurs de recherche choisis par le système Stalker.

Source	Taux de réussite
Okra	50 %
BigBook	67 %
Adressfinder	83.34 %
Quote server	22.23%
LA weekly	80%

Tableau 2.1 Taux de réussite de la méthode Stalker.

4.1.3 Système SoftMealy[HSU98]

Le système SoftMealy est un système d'extraction d'information à partir du Web. Cette méthode est basé sur le système IEPAD. Cependant, le système SoftMealy utilise des séparateur au lieu des délimiteurs.

Ainsi, les deux méthodes utilisent des séparateurs droits et gauches pour isoler la donnée pertinente. Cependant, le système SoftMealy tient compte des différentes permutations des attributs qui apparaissent dans les occurrences de la relation à extraire.

Un séparateur prend en compte à la fois ce qui se trouve à gauche et à droite de la position qu'il détermine. Ainsi, cette position correspond soit au début ou à la fin d'une valeur qui est potentiellement une information pertinente.

Le système SoftMealy défini un séparateur comme étant deux sous chaine de symbole se trouvant respectivement à droite et à gauche de la limite. ce système créé six symboles de classification comme le montre le tableau 2.2 suivant :

Symbole	Interprétation
CAlph(x)	Chaîne de caractères x est toute en majuscules
C1Alph(x)	Chaîne de caractères x commence par une majuscule
Num(x)	Chaîne de caractères x est une suite de chiffres
Html(x)	Chaîne de caractères x est une balise HTML
OAlph(x)	Chaîne de caractères x composé de caractères alphanumériques
Punc(x)	Le symbole x est un caractère de ponctuation
NL(n)	Une suite de n retour à la ligne
Tab(n)	Une suite de n tabulations
Spc(n)	Une suite de n espaces

Tableau 2.2 Classification des symboles selon le système SoftMealy

Prenons un exemple : « Faculté », ce symbole fait à la fois partie de la classe C1Alpha et OAlph. L'adaptateur du système SOftMealy prend en entrée n attributs et donne en sortie 2n+1 états (1 état par attribut soit un total de n états), 1 état entre chaque paire d'attributs successifs (un total de n-1 états), un état de début et un état de fin (un total de 2 états)). Plus concrètement, prenons un exemple explicatif :

```
<LI><A HREF="mani.html">Mani Chandy</A>,

<I>Professor of Computer Science</I>and<I>

Executive Officer for Computer Science

</I><LI><A HREF="david.html">

David E. Breen</A>,<I>

Assistant Director of Computer Graphics

Laboratory</I>
```

Figure 2.4- Code HTML fictive.

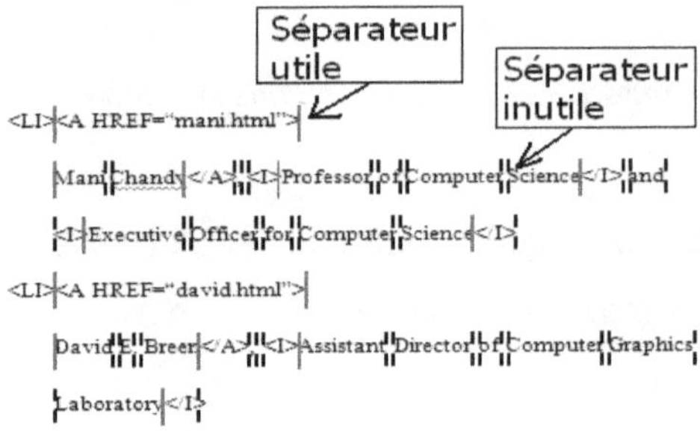

Figure 2.5- Rétrospective des séparateurs utiles et inutiles appliquée à l'exemple de la figure2.7

Les séparateurs éventuels de cet exemple sont les balise <A>, </A>, <I>, </I> et les mots commençant par une majuscule. L'entrée de l'adaptateur propre à cet exemple sera les instances de séparation et la sortie sera formatée sous forme de chaine de caractère. Pour les états, nous aurons deux états b et e pour l'état initial et l'état final, un état pour chaque attribut factice et un état pour chaque attribut. Cet adaptateur est appelé un transcodeur d'états finis. Le système

SoftMealy est schématisé par le transcodeur d'états finis de la figure 2.9 :

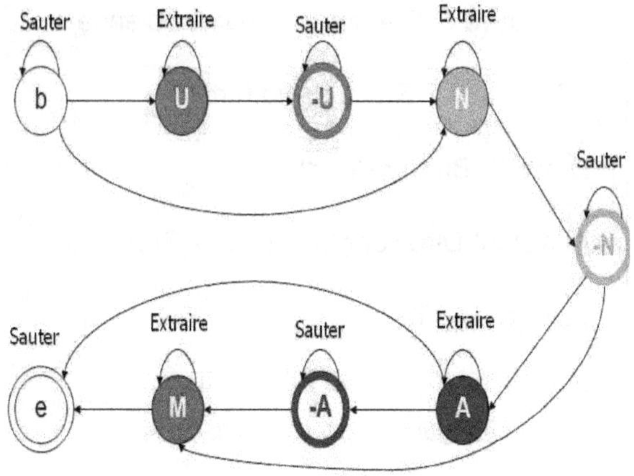

Figure 2.6 - Exemple d'un transcodeur à état finie.

L'extraction d'information se fait uniquement dans le cas où le cas de figure inclus n états qui représentent les n attributs mis à l'entrée du transcodeur ou de l'adaptateur. Les n+1 états suivant ne sont pas traités.

Les résultats d'extraction par cette méthode donnent des résultats assez médiocres, soit un taux de réussite généralement bas (Les taux varient de 100 à 3 pour cent).

Source de pages Web	Taux de réussite
www.cs.nmt.edu/Faculty.html	100 %
www.cs.olemiss.edu/facuty/	62.5%
www.cs.fit.edu/people/faculty.html	45.5 %
www.cs.gmu.edu/faculty/	9.5 %
www.cs.washington.edu/people/faculty/	5.8 %
www-eecs.mit.edu/faculty/index.html	3%

Tableau 2.3 Taux de réussite de la méthode SoftMealy.

4.2 Les adaptateurs d'extraction de motifs via l'analyse de la structure des documents (les méthodes structurelles)

4.2.1 Système IEPad [CH01][CH03]

Le système IEPAD est basée sur la recherche de motifs (régularité, taille, etc.). Ce système est basé sur la notion de motif.

Le système IEPAD partage le contenu d'un document Web en symbole textuel (textual content) et en symbole HTML, appelé aussi balises (Markups). Toutes les balises présentes dans un document d sont codées selon un code spécifique binaire. Soit d un document Web qui contient 15 balises différentes, nous utiliserons un code binaire sur 4 bits (log(15) ≈ 4).

Le document d encodé selon la table de la figure 2.10 contient donc les balises citées et du contenu textuel. Nous exposons le code source d'une page d'où nous souhaitons extraire de la donnée :

```
<html>
<body>
<h1>Les tarifs distributeurs</h1>
<table>
<tr><td>Café</td>
<td>0.40 EUR (2.96 F) </td></tr>
<tr><td>Soda</td>
<td>0 75 FUR (4 92 F) </td></tr>
```

Figure 2.7 - Exemple du code source HTML d'une page Web imaginaire.

Le codage binaire de cette page est ainsi représenté par la figure qui suit :

```
HTML(<html>) HTML (<body>) HTML (<h1>) TEXT HTML
(<h1>) HTML (<table>)
HTML (<tr>) HTML (<td>) TEXT HTML (</td>) HTML
(<td>) TEXT HTML (</td>)
HTML (</tr>) HTML (<tr>) HTML(<td>) TEXT HTML
(</td>) HTML (<td>)TEXT
HTML (</td>) HTML (</tr>) HTML (<tr>) HTML <td
colspan="2">) HTML (<hr>)
HTML (</td>) HTML (</tr>) HTML (<tr>) HTML (<td>)
TEXT HTML (</td>)
HTML ((<td>) TEXT HTML (</td>) HTML (</tr>) HTML
(</table>) HTML (</body>)
HTML (</html))
```

Figure 2.8 - Exemple du code source HTML d'une page Web imaginaire.

La première étape de la méthode IEPAD consiste à construire la séquence de symboles à analyser. Pour construire cette séquence, les auteurs s'appuient sur l'hypothèse que l'information structurelle d'un document n'est contenue que dans les balises HTML. Dans ce cas les informations utiles à la construction de motifs d'extraction sont les informations structurelles. C'est pour cette raison que la version encodée d'un document est alors construite à partir d'un alphabet contenant les deux types de symboles : les symboles HTML(x) et les symboles TEXT. Le paramètre des symboles HTML est le nom de la balise correspondante et la liste de ses attributs. Nous faisons abstraction du contenu des parties textuelles pour les raisons citées ci-dessus. Ainsi la version encodée du document de la figure 2.10 est donnée dans la figure 2. 11.

Symbole Code	Symbole Code
HTML(<html>) 0000	HTML(<body>) 0001
HTML(<h1>) 0010	TEXT 0001
HTML(</h1>) 0100	HTML(<table>) 0001
HTML(<tr>) 0110	HTML(<td>) 0001
HTML(</td>) 1000	HTML(</tr>) 0001
HTML(<html>) 1010	HTML(<hr>) 0001
HTML(<html>) 1100	HTML(</body>) 0001
HTML(<html>) 1110	

Tableau 2.4 Représentation d'une architecture simplifiée du système IEPad :

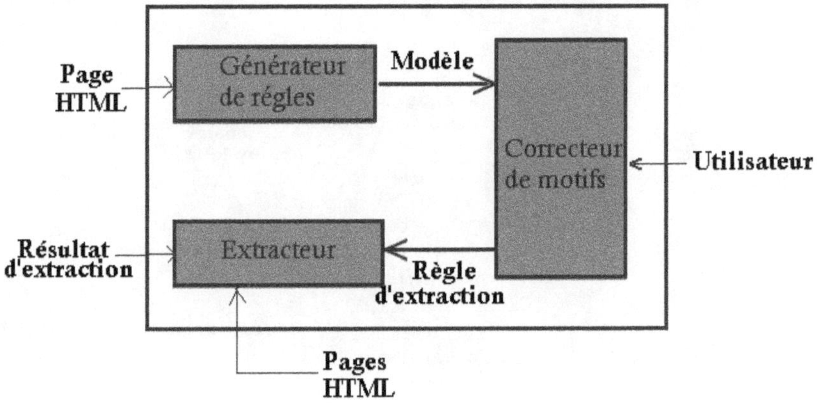

Figure 2.9 Architecture du système IEPad

La figure 2.12 est l'architecture du système IEPAD. Tout d'abord, un générateur de règles prend en entrée une page HTML pour délimiter les données à extraire qui présentent une régularité au niveau de leurs affichages dans cette page. Ensuite un correcteur de motifs modifie les balises HTML en un code binaire pour faire le codage de la page Web entrée initialement. Ainsi, le système IEPAD génère un extracteur de données qui pourra prendre n'importe quel page qui fait partie de la source d'information d'où a été tirée la première page Web entrée à cet adaptateur.

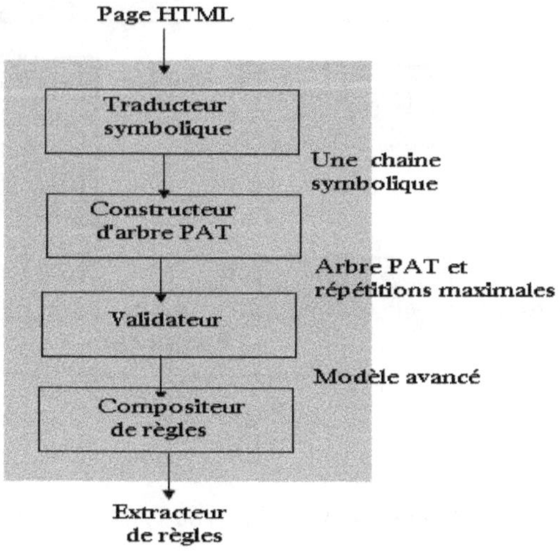

Figure 2.10 Générateur de règles du système IEPad.

Le processus du générateur de règles (figure 2.13) comporte quatre étapes principales :

1) **Traduction de la page Web :** Dans cette partie du processus chaque balise de la page Web entrée est transformée en une sorte de jeton ou de symbole, et chaque contenu textuel qui est placé entre deux balises est traduit en un symbole appelé TEXT.Par exemple, le code HTML suivant :

<B>Congo</B><I>242</I>

<B>Egypt</B><I>20</I>

Est transformé comme suit :

T(<B>)T(_)T(</B>)T(<I>)T(_)T(</I>)T(<BR>)

T(<B>)T(_)T(</B>)T(<I>)T(_)T(</I>)T(<BR>)

2) **Construction de l'arbre PAT** [CH09] : Dans l'exemple pris, nous avons cinq différentes balises et le symbole TEXT, donc un total de six symboles à générer. Il faudra donc log(6) bits pour ce codage soit en arrondissant cette valeur : 3 bits. Ainsi, l'arbre PAT est :

$$T(<B>) \quad 000$$

$$T(</B>) \quad 001$$

$$T(<I>) \quad 010$$

$$T(</I>) \quad 011$$

$$T(<BR>)100$$

$$T(\_) \quad 110$$

Supposons α une suite binaire qui se répète dans les positions p1, p2, p3, …, pk dans S. α a une valeur maximale à gauche, si il existe au moins une paire (i,j) tel que $S[pi-1] \neq S[pj-1]$. De même, α a une valeur minimale à droite, si il existe au moins une paire (i,j) tel que $S[pi+|\alpha|] \neq S[pj+|\alpha|]$.

Considérons le caractère $S[p_i-1]$ le caractère gauche du suffixe p_i. Un nœud V est dit 'divers à gauche' si aux moins deux feuilles dans le sous arbre V a plusieurs caractères gauches.

Ainsi, un libellé du chemin d'un nœud interne V dans un arbre PAT est une répétition maximale si et seulement si V est diverse à gauche.

3) **Validateur du modèle:** Supposons une répétition maximale α qui est rangée par sa position tel que les suffixes $p_1 < p_2 < p_3 … < p_k$, (avec p_i les positions de chaque suffixe dans la séquence codée).

Les caractéristiques du modèle sont :

✓ La régularité ou variance du modèle en fonction de α

$$V(\alpha) = \frac{StdDev\{p_{i+1} - p_i \mid 1 \le i < k\}}{Mean\{p_{i+1} - p_i \mid 1 \le i < k\}}$$

✓ La densité du modèle en fonction de α

$$D(\alpha) = \frac{k * |\alpha|}{p_k - p_1 + |\alpha|}$$

Pour chaque répétition maximale α :

✓ V(α) < 0.5
✓ 0.25 < D(α) < 1.5

4) Composition de règle

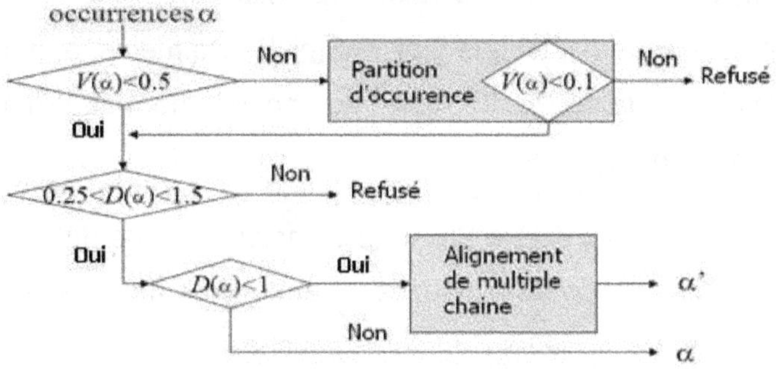

Figure 2.11 Composition de règles du système IEPad.

Le schéma de la figure 2.14 montre clairement les deux cas où le système IEPAD rejette les occurrences de α.

✓ Le cas du partitionnement des occurrences est le cas où quelques modèles ou motifs sont divisés en bloques. Pour résoudre ce problème, la variance de chaque sous bloque est à nouveau calculée, si cette variance est supérieur à 0.1 alors le motif initial α est accepté.

✓ Les motifs (modèles) qui ont une densité inférieure à 1 n'extraient pas toujours toute l'information pertinente. Pour résoudre ce problème une technique appelée 'alignement de multiple chaine' est utilisée. Par exemple, supposons que 'adc' est le motif isolé pour la chaine "adcwbdadcxbadcxbdadcb". L'alignement multiple pour les chaines ``adcwbd", ``adcxb" et ``adcxbd" est:

✓ a d c w b d

✓ a d c x b -

✓ a d c x b d

Le motif d'extraction sont alors généralisé en "adc[w|x]b[d|-]". La technique consiste ainsi à aligner k-1 sous chaine dans les k occurrences. Le test du système IEPAD sur 15 différentes sources de données (moteurs de recherche) Web a donné les résultats suivants:

Moteur de recherche	Pourcentage de réussite
Excite	100 %
Galaxy	99%
WebCrawler	98%
Cora	97%
OpenFind	66%

Tableau 2.5 Taux de réussite de la méthode IEPAD.

Les taux de réussite varient ainsi entre 66 et 100%, avec une moyenne de 94%. Ce taux place le système IEPAD parmi les meilleurs extracteurs d'information à partir du Web.

4.2.2 Système RoadRunner [CMM01]

Le système ROADRUNNER cherche les correspondances entre deux documents d'une même source pour construire les motifs. Ce système ne nécessite aucun étiquetage des pages exemples comme dans le cas des systèmes WIEN, STALKER ou SoftMealy. Ainsi, il ne nécessite que deux pages exemples au minimum construire des motifs. En d'autres termes, cette méthode recherche la structure commune à partir d'un ensemble de documents en analysant leurs différences. Ceci place cette méthode dans la même catégorie que la méthode IEPAD, soit l'extraction de motifs par l'analyse de la structure des documents.

Le système RoadRunner reconsidère le fait que les pages web HTML sont une génération dynamique d'un unique script qui prend en compte une base de données d'où sont tirées les données affichées dans ces pages. Ainsi, il existera toujours une sorte de ressemblance entre ces pages dont le système RoadRunner profite pour extraire l'information pertinente.

01: <HTML>	01: <HTML>
01: Books of:	02: Books of:
03: <B>	03: <b>
04: John Smith disprité de text (#PCDATA)	04: Paul jones
05: <b>	05: </b>
06: <ul> disparité de balise (?)	06:<img src="...">
07: <li>	07: <ul>
08-10: <i> Title :</i>	08: <li>
11: DB Primer disparité de test (#PCDATA)	12: XML at Work
12: </li>	13: <li>
13: <li>	14: <li>
14-16: <i>Title: <i>	15-17: <i>Title:<i>
17: Comp. Sys disparité de texte (#PCDATA)	18: HTML Scripts
18: </li>	19: </li>
19: </ul> disparité de balise(+)	20: <li>
20: <html>	21-23: <i>Title : </i>
	24: Javascript
	25: </li>
	26: </ul>
	27: </html>

Figure 2.12 Exemple d'exécution du système RoadRunner sur deux documents tirés
de la même source.

La figure 2.15 décrit le fonctionnement du système IEPAD, cette figure
représente le code HTML de deux pages extraites d'une même
source. Les disparités sont claires dans ce cas de figure,
effectivement, au niveau du document de gauche il y a deux balises
<li> alors que dans le document de droite il y en a trois. Le système
RoadRunner interprète ceci comme une différence entre les deux
documents. Le système considère donc l'information contenue dans

les deux premières balises \<li> comme de l'information pertinente et les données incorporées dans la troisième balise \<li> sont rejetées.

L'évaluation de la méthode RoadRunner est décrite dans le tableau 2.5. Ce système a un taux de réussite très élevé et un temps de réponse très réduit (quelques millisecondes). La plupart des méthodes ne proposent pas lors de leurs évaluations ce facteur, sûrement qu'il n'est pas notable. Succinctement, le système RoadRunner est très concurrentiel par son efficacité et sa rapidité.

Moteur de recherche	Pourcentage de réussite
Amazon.com	50 %
Buy.com	50%
rpmFind.com	75%
Uefa.com	100%
BigBook.com	100%
Laweekly.com	100%
Iaf.net	0%
Pharmweb.com	100%

Tableau 2.6 Taux de réussite de la méthode ROADRUNNER.

4.3 Les adaptateurs d'extraction de relations (les méthodes à base d'instances exemples)

4.3.1 La méthode Gêne/Clone [BDE06]

Les travaux relatés dans ce mémoire de thèse ont démarré par une étude sur la méthode Gêne/Clone proposée par Benlahmar El Habib du laboratoire ELKHAWARIZMI de l'ENSIAS (Ecole National Supérieur d'Informatique et d'Analyse Système). La méthode Gêne/Clone considère un document Web comme une chaîne de symboles construits sur un alphabet α donné. Ce groupe de caractères ou d'alphabet α sera subdivisé en deux sous familles, les pages Web sont codées en langage HTML, ces dernières sont composées de textes et de balises. Ainsi, les deux sous familles de α seront α_t, α_b (α_t: alphabets des données textuelles et α_b: alphabet de balisages).

L'extraction de données repose sur la structure de la page WEB. Cependant, le code HTML est un langage d'affichage de données. Ce langage n'a pas été conçu dans un souci d'extraction de données, mais cela ne constitue plus un obstacle grâce à la technologie XML qui, quant à elle, est un langage de balisage structuré. La méthode Gène/Clone repose sur une « XMLisation » des pages Web, autrement dit, sur une transformation des pages WEB codées en HTML en pages Web transformées en XML.

Dans le même esprit, la méthode Gène/clone définit une source de données comme un ensemble de documents ou un sous ensemble de $\alpha*$.Ces sources utilisent en règle générale des formulaires pour leurs interrogations comme illustré par la figure2. 16 :

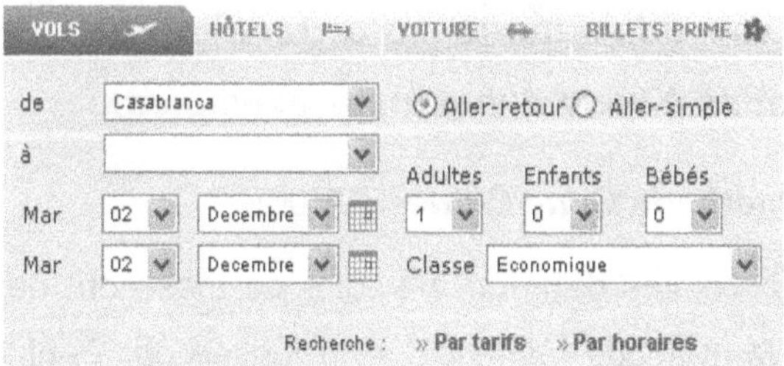

Figure 2.13 Formulaire de recherche du site
http://royalairmaroc.com/Marchand/Ma/Home.jsp

Le rôle de l'utilisateur dans ce cas se limite au remplissage de ce formulaire, le résultat obtenu est un ensemble de pages web liées par des liens HyperText, le résultat d'une recherche sur ce site Web est représenté par la figure 2.17.

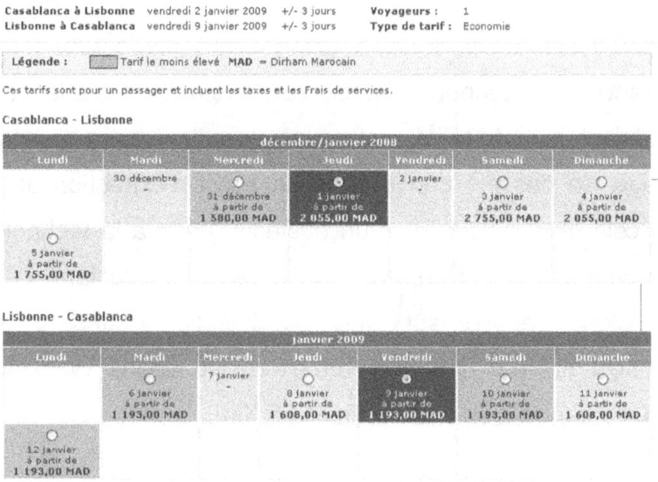

Figure 2.14 Aperçu du résultat d'une recherche de tarif sur le site
http://royalairmaroc.com/Marchand/Ma/Home.jsp

Lorsque l'utilisateur remplit le formulaire de recherche, il est redirigé vers la page résultat qui a comme URL:

> http://royalairmaroc.com/Marchand/Ma/AmdeusReservation.jsp?ru

Figure 2.15 Aperçu de la requête réponse à un formulaire de recherche sur le site Web http://royalairmaroc.com/Marchand/Ma/Home.jsp

Cette requête est porteuse d'informations décisives. Il est bien évident que ces URLs peuvent être codés en méthode 'POST' ou 'GET', et dans les deux cas nous pourrons aisément récupérer cette requête par une manipulation au niveau du code source de la première page résultantes de notre recherche (cette manipulation se manifeste par un changement du mot clé 'POST' en 'GET').

Les régularités résident comme nous pouvons le constater dans la figure 2.17, dans le mode standardisé de la présentation des résultats. Ainsi, nous pouvons aussi bien composer notre propre URL qui nous affichera le résultat souhaité. Par exemple l'URL présenté par la figure 2.18 est composé de deux parties, une première partie statique, et une 2ème partie qui est spécifique à notre recherche.

Grâce aux codes des arguments 'rub' et 'rudID' de l'URL réponses, nous pouvons construire de nouveaux URL réponses sans passer par les formulaires de recherches .D'autre part, la régularité de la présentation des résultats nous permettra de localiser pour n'importe qu'elle autre page résultat d'une même source, l'emplacement d'une information pertinente (par exemple le billet d'avion pour une certaine destination).Les données à extraire d'un document étant des sous-chaînes de ce dernier, le domaine des valeurs des informations extraites est l'ensemble α_t .L'idée de la méthode Gène/Clone est de récupérer les sous structures qui contiennent les informations pertinentes (cette structure sera appelée par la suite structure cible) et de générer la plus petite sous structure qui engendre toute la structure pertinente. Cette sous structure sera appelé gène. Par la suite, il sera question de cloner ces structures (d'où l'appellation gène/clone).

Pour se faire, La méthode Gêne/clone utilise quelques instances exemples pour déterminer les besoins de données pertinentes de l'utilisateur. Une instance exemple peut être dans le cas traité par les figures précédentes comme suit :

$$T= (1 \text{ janvier, } 2\,055,00 \text{ MAD}).$$

La méthode gène/clone ne s'intéresse plus à la recherche des données pertinentes mais à la recherche des nœuds pertinents. Cependant, un problème surgit à ce stade, celui des occurrences. Par exemple, si l'utilisateur entre comme valeur d'instance exemple le prix '2 055,00 MAD', cette valeur peut être citée ailleurs dans le document de réponse. Comment faire alors pour distinguer la bonne occurrence de la mauvaise? La méthode Gène/Clone résout ce problème par l'introduction de deux nouveau paramètres, à savoir les préfixes et les suffixes de la sous chaîne textuelle en question. Nous notons alors, préfixe (t_i) la sous chaîne textuelle qui se trouve après t_i et suffixe (t_i) la sous chaîne qui se trouve avant t_i.

Cette idée est remarquable pour résoudre le problème des occurrences, cependant, la méthode présentée dans les travaux de Benlahmer est encore plus efficace pour surmonter ce souci comme nous le détaillerons plus tard.

Succinctement, cette solution ne s'applique que dans le cas où une valeur admet un préfixe et/ou un suffixe. Par exemple, le prix des tickets d'avion est toujours suivi du suffixe 'MAD' mais cette chaîne de caractère n'admet aucun préfixe. Encore plus handicapant, le jour du vol n'admet ni préfixe ni suffixe.

Cependant, ces informations d'étiquetage ne se présentent pas toujours comme des informations purement textuelles, elles peuvent figurer dans des contextes structuraux. Par exemple, dans l'annuaire 'pages jaunes yahoo' ou dans l'annuaire 'menara.ma', le numéro de téléphone est figuré dans la page avant la chaîne "Tél." qui se présente comme le contenu textuel du nœud td c à d "<td>Tél.</td>". Donc il est attrayant d'exploiter cette régularité.

La méthode Gène/Clone définit ainsi une occurrence par un cinq uple qui est :

$$(Xpath_i, suf\_str_i, pré\_str_i, suffixe_i, préfixe_i)$$

XPath$i$ est le Xpath de l'occurrence i, le suf_str et le pré_str sont respectivement le suffixe et le préfixe structuraux, suffixe$_i$ et préfixe$_i$ sont respectivement le suffixe et le préfixe textuels de l'occurrence i.

En 2002 G.Miklaua introduit la notion d'équivalence entre les fragments XPATH. Cette notion permettra par la suite de donner à la généralisation du contexte un nouveau sens. Finalement, la méthode Gène/Clone n'utilisera pas les préfixes et les suffixes structurels mais utilisera à la place le contexte structurel d'un nœud. Ce contexte étant le sous arbre qui contient toutes les valeurs t$_i$ de l'instance exemple choisie, autrement dit, c'est le XPATH du nœud parent de l'instance.

Il sera aussi question de contexte global qui quant à lui est le sous arbre qui contient toutes les sous structures qui contiennent la globalité des valeurs instances d'un document. La méthode gène/clone se limite à l'utilisation de deux instances exemples pour calculer ce contexte. Finalement, le gène est définit comme étant l'union du contexte de valeurs, le contexte d'instances et le contexte global. La méthode gène/clone repose sur un processus qui compte cinq étapes clés, ces relais sont :

1) Prétraitement du document.

2) Recherche des occurrences des valeurs d'instances.

3) Extraction des contextes des valeurs.

4) Extraction des contextes des instances.

5) Construction des règles d'extraction.

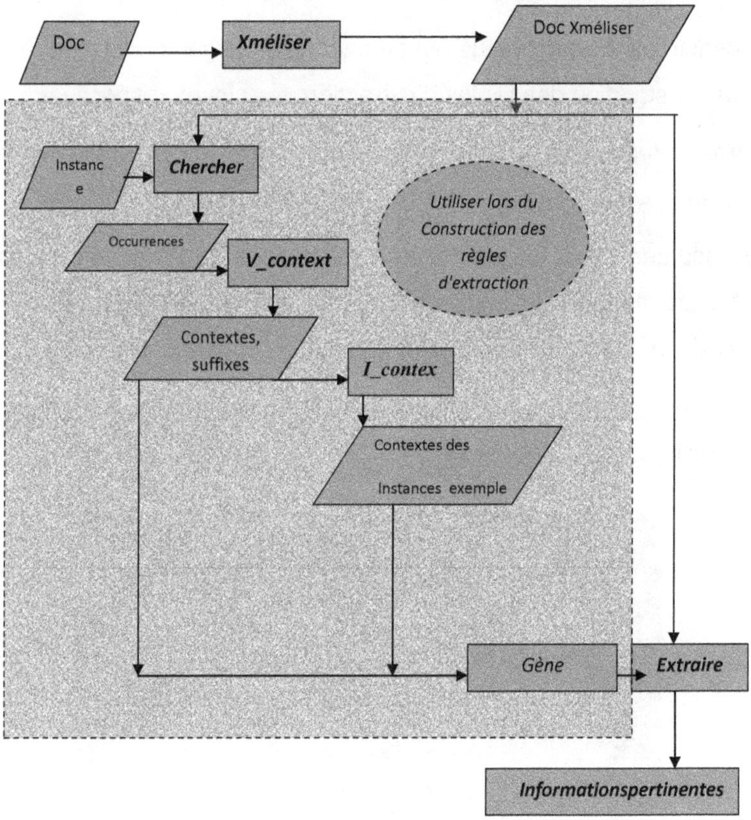

Figure 2.16 Organigramme de la démarche.

Les fonctions clés de cet organigramme sont au nombre de six (encadrées d'un rectangle et écrites en gras).

1) XMLiser : processus qui transforme un document codé en HTML en code XML.

2) Rechercher : processus qui recherche les occurrences des valeurs instances dans un document XML.

3) V_contexte : processus qui extrait les valeurs d'une instance.

4) I_contexte : processus qui détermine les instances exemples.

5) R_construction : processus qui se charge de la génération de gêne et de la construction des règles d'extraction des clones respectives.

6) Extraire : processus appliquant les règles d'extraction sur le document XMLisé.

Le document XML est filtré à travers un filtre XSLT, qui servira pour une extraction automatique de clones. Le filtre XSLT est construit à partir de la phase détaillée par la fonction R_construction.

La figure 2.20 représente schématiquement le traitement subit par un filtre XSLT sur un arbre XML :

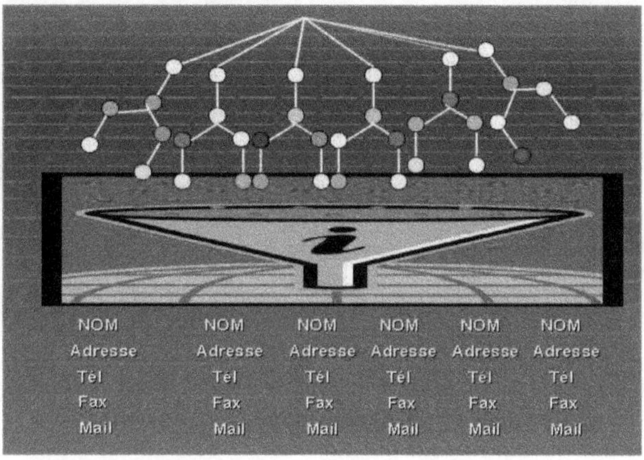

Figure 2.17 Représentation de l'application du filtre XSLT sur un arbre XML

Après l'application du filtre XSLT ,la méthode gêne/clone isole les sous arbres qui contiennent les données pertinentes. Comme exemple, la figure 2.20 montre que la donnée pertinente est formée d'un uplet de cinq différents types de données (Nom, Adresse, Numéro de téléphone, Numéro de Fax, Adresse mail).

Succinctement, les instances exemples de la méthode gêne/clone sont le motif de données que l'utilisateur souhaite extraire. C'est à partir de ces instances exemples que les règles d'extraction sont construites. Ainsi, aucun étiquetage n'est imposé contrairement aux méthodes présentes dans la littérature jusqu'à lors du développement de cette méthode.

4.3.2 La méthode DIPRE [BRI98]

La méthode DIPRE (Dual Iterative Pattern Relation Extraction)[S.BRIN, 1998] est une technique d'extraction qui repose sur une dualité entre les motifs et les relations. En d'autres termes, pour chaque relation de données à extraire nous trouvons des motifs relatifs à cette relation qui permettent l'extraction des occurrences de la relation. Pour chaque relation, BRIN propose d'entrer un ensemble d'exemples et de construire à partir d'eux des motifs qui nous permettront par la suite d'extraire les autres occurrences de la relation initiale dans d'autres pages Web tirées de la même source de données où on été pris les exemples cités plus haut.

Il est clair que toute la qualité de l'extraction reposera sur celle des motifs construits, pour évaluer ces derniers, Brin a proposé deux facteurs qui sont le taux de couverture et le taux d'erreur.

Taux de Couverture : La couverture d'un motif p pour une relation R dans un ensemble de documents D est égale à :

$$C_D(p,R) = \frac{|M_D(p) \cap R|}{\|R\|} \quad (1.1)$$

Où $M_D(p)$ est l'ensemble des tuples extraits à partir de D en utilisant le motif p.

Taux d'erreur : Le taux d'erreur d'un motif p pour une relation R dans un ensemble de documents D est égale à :

$$E_D(p,R) = \frac{|M_D(p) - R|}{|M_D(p)|} \qquad (1.2)$$

La méthode DIPRE repose sur une technique itérative à temps réel qui consiste à construire des motifs à partir d'instances exemples et à utiliser ces modèles pour extraire de la donnée qui sera potentiellement pertinente. Ces données à leurs tours seront utilisées pour créer des motifs pour extraire de la donnée et ainsi de suite. Ce processus est schématisé sur la figure suivante :

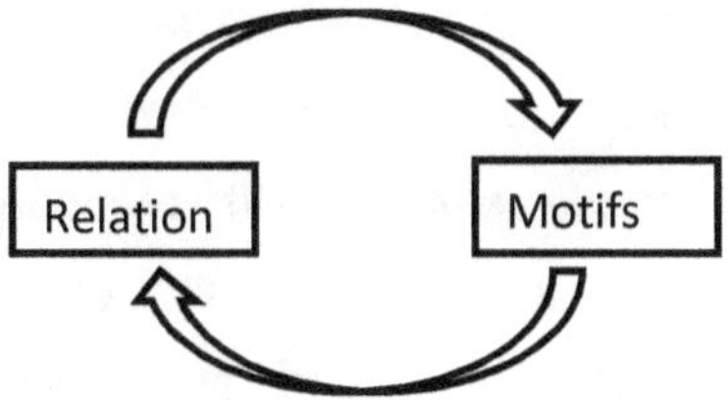

Figure 2.18 Principe de la dualité motif-relation dans le système DIPRE (Génération de nouveau tuples par extraction de motifs à partir d'une bases de texte)

La méthode DIPRE définit le taux de réussite par le rapport entre le nombre de pages Web à partir desquels l'extraction de données a réussi et le nombre de pages Web initiaux.

A partir de 5 exemples de relation de données le système DIPRE a extrait 199 occurrences et a construit 3 nouveaux motifs, à partir de ces nouveaux motifs. Le système à extrait 3972 occurrences et a construit 105 nouveaux motifs, l'itération de l'opération une autre fois (voir la figure 2.21) a donné de 15257 nouvelles occurrences. A noter que la source Web que Brin a initialement utilisée pour sa phase d'évaluation compte 24 millions de pages Web, ce qui prouve que le système DIPRE doit se répéter un nombre considérable de fois avant d'extraire un grand nombre de données pertinentes présentes dans la source Web.

4.3.3 Le système IERel [HQ01] [HQ02] [HQ04] [HQ05]

La méthode IERelest une méthode basée sur les instances exemples, cette méthode partage son processus en sous-tâche définit à l'aide d'un ensemble d'opérateurs génériques. Pour décrire la tâche d'extraction et les opérateurs qui la composent, le système IERel a défini le langage XML WetDL. Il permet de définir un réseau d'opérateurs et leurs paramètres.

L'exécution du réseau permet de réaliser concrètement la tâche décrite. Cette méthode a été implémentée dans le système WEBSOURCE et différentes tâches d'extractions ont été décrites en WETDL et exécutées à l'aide de WEBSOURCE.

Le système IEREL permet, à partir d'un ensemble de pages d'une source et d'un ensemble d'instances exemples d'une relation à extraire et de construire un adaptateur pour la source. Une fois l'adaptateur construit, il est possible de l'appliquer sur l'ensemble des pages de la source et d'extraire la relation donnée. Le système IERel utilise 6 paramètres pour optimiser les phases d'extraction des contextes et des nouvelles instances.

Ces paramètres sont les tailles minimales et maximales que peuvent prendre :

1) les différentes parties des contextes entourant les exemples ;

2) les parties ignorées des motifs généralisés ;

3) les instances à extraire.

La figure 2.22 donne un aperçu de l'interface utilisateur de l'application. Elle est divisée en deux parties : la partie haute permet la saisie des données et des paramètres et la partie basse affiche soit l'une des pages à partir de laquelle l'utilisateur cherche à construire un adaptateur soit le résultat de l'exécution de la génération de l'adaptateur et de l'extraction des autres instances.

Figure 2.19Interface d'application du système IERel.

Le système IERel a été évalué sur trois domaines différents : les annuaires en ligne, les moteurs de recherche et les catalogues de produits. Pour chaque domaine, nous avons plusieurs sources de données différentes. Pour chaque source, Habegger a un ensemble de documents. Ensuite, un ensemble d'instances exemple a été constitué pour chaque source. Chaque ensemble d'exemples a été construit interactivement en utilisant IEREL. Par exemple, en donnant deux ou trois exemples initiaux d'un ensemble de pages d'une source, un certain nombre de nouvelles instances a été extrait. Lorsque certaines instances souhaitées n'étaient pas extraites, quelques-unes des instances manquantes ont été ajoutées comme exemples. Ce processus itératif a été répété à chaque fois jusqu'à l'obtention d'un adaptateur parfait (*i.e.* permettant d'extraire toutes les instances).

4.4   Les adaptateurs de base de connaissances

4.4.1 Le système XTROS[HIJ01]

Les travaux de Gao et Sterling [Wolfgang May, 2000] présente une méthode d'extraction d'information à partir du Web appliquée sur les annonces immobilières. Cette méthode est la première méthode qui fait partie des approches d'extraction basées sur les bases de connaissances, plusieurs autres méthodes s'inscriront plus tard dans cette catégorie comme la méthode XTROS détaillée par la suite.

Ces méthodes dépendent d'une base de connaissances qui contient une liste de mots clés que le système d'extraction doit trouver lors de sa recherche. C'est une sorte de spécialisation lors de la prospection qui a pour but de s'assurer que les données isolées appartiennent bien à un contexte de recherche précis.

Le système XTROS extrait en premier lieu des unités élémentaires de connaissances puis il les regroupe en concepts plus complexes. Par exemple, un prix est une unité élémentaire, alors qu'une annonce est un concept complexe.

Alors pour construire par exemple une annonce il faudra extraire les unités élémentaires qui la forment, comme par exemple le prix etc.....

Les unités élémentaires sont un ensemble indécomposable alors que les concepts complexes sont divisibles selon une hiérarchie qui contient trois types de liens :

✓ sets_of(C1;C2) : une instance de C1 se décompose en un ensemble d'instances de C2

✓ a_set_of(C1;L) une instance de C1 se décompose en un ensemble contenant des instances des concepts de L

✓ a_sequence_of(C1;L) : une instance de C1 se décompose en une liste contenant des instances des concepts de L.

Schématiquement, la figure 2.23 représente cette interconnexion en décomposant une annonce immobilière en unités élémentaires.

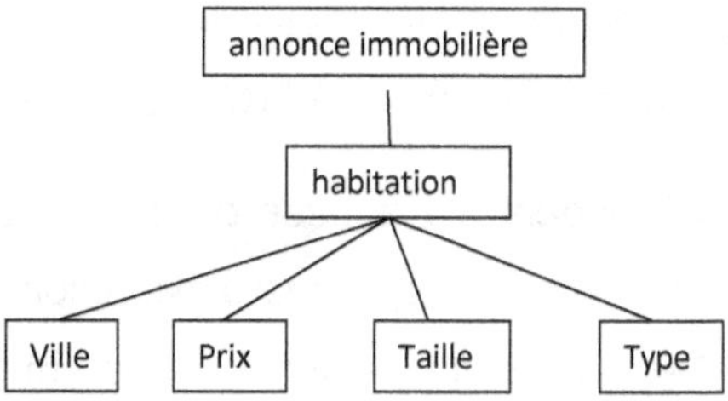

Figure 2.20 Exemple de hiérarchie de concepts dans la méthode de Gao et Sterling

Si par exemple, nous cherchons à extraire d'une source Web un loyer, le processus de Gao et Sterling utilise une instance exemple pour déduire que c'est une entité complexe composée d'un prix et d'une période par exemple 800 euros par mois, le prix aussi est une entité complexe composée de la valeur monétaire (euro) et d'une valeur numérique (800). Ainsi, et via sa base de connaissances il cherchera toutes les occurrences qui répondent à ces critères et calculera pour chaque valeur extraite une valeur de certitude qui doit tendre vers un pour classer la valeur comme donnée pertinente. Si cette valeur tend vers zéro donc c'est une valeur non pertinente. Les résultats d'extraction de cette méthode sont assez discutables puisqu'ils varient entre 22 (www.newsclassifieds.com) et 74 % (market.fairfax.com.au).

La méthode Xtros est une méthode qui se base sur les connaissances comme pour la méthode Sterling. Son système possède une base de données où sont enregistrés les mots clés recherchés. Ainsi, nous recherchons dans le document les chaines de caractères qui se trouvent dans cette base de connaissances.

Une fois ces chaines de caractères sont isolées, la deuxième étape de ce système démarrera. Elle consiste à vérifier que ces séquences sont conformes à un motif précis qui est celui de la donnée pertinente recherchée, car il est fort possible de trouver des mots qui se trouvent dans la base de connaissance mais qui sont cités dans un contexte différent de notre recherche.

Dans le système XTROS la base de connaissance est en fait un document XML. Ce document est partagé en deux parties : une liste des noms de concepts élémentaires et une suite de descriptions associées à chaque concept élémentaire.

La liste de description permet de signaler le type de données à extraire. Par exemple le prix sera une donnée numérique. De ce fait, le prix sera catégorisé dans le groupe de description PRICE et ainsi de suite pour toutes les données pertinentes à extraire.

```
- <PRICE>
  - <ONTOLOGY>
      <TERM>PRICE</TERM>
      <TERM>$</TERM>
      <TERM>PRICE $</TERM>
    </ONTOLOGY>
  - <FORMAT>
      <FORM>[ONTOLOGY] DIGITS</FORM>
      <FORM>DIGITS [ONTOLOGY]</FORM>
    </FORMAT>
  </PRICE>
```

Figure 2.21Exemple d'une base de connaissances du système XTROS.

La figure 2.24 est un exemple d'un fichier XML qui sera utilisé comme base de connaissances pour extraire un prix (<TERM>) PRICE</TERM>) sans la valeur monétaire ou bien extraire le prix avec sa valeur monétaire (<TERM>) PRICE $</TERM>), ou bien pour extraire une valeur monétaire :

(<TERM>) $</TERM>)

Ce qui fixera ce choix sera bien évidement le contenu de la page d'où sera extrait la donnée, car parfois le prix est situé dans une balise HTML autre que celle de la valeur monétaire et parfois ils sont réunis dans la même balise. Ces données seront de type numérique d'où l'appellation DIGITS dans la balise de formatage (<FORM>).

Le taux de réussite de la méthode Xtros est de 80%.Heekyoung a testé sa méthode sur dix moteurs de recherche et a eu un succès d'extraction sur huit d'entre eux.

Source	url	Résultat
Homes	www.homes.com.	Succès
Realtor		Succès
Yahoo real state	www.realestate.yahoo.com.	Echec
iOwn	www.iOwn.com.	Succès
Cyberhomes	www.cyberhomes.com.	Succès
Homescape	www.listinglink.com.	Echec
Move	www.move.com.	Succès
ERA real state	www.era.com.	Succès
Coldwell banker	www.coldwellbanker.com.	Succès
Homesekkers	www.homesekkers.com.	Succès

Tableau 2.7 Taux de réussite de la méthode XTROS.

4.5   Les extracteurs automatiques de données

Les extracteurs automatique de données affichés dans une page Web est une catégorie d'extracteur de données à partir du Web assez récente qui est basée sur la reconnaissance optique de caractères (OCR : Optical character Recognition). Cette technique remplace actuellement les méthodes basées sur les instances exemples. Ainsi, au lieu d'entrer des instances exemples, l'utilisateur se contente de faire des captures de données écrans sur le contenu qu'il souhaite extraire. Nous avons relevé deux extracteurs basés sur cette technique qui sont WINTASK et RETROWEB. Ces méthodes sont basées sur les technique ORC (Optical Character Recognition).

4.5.1 La technique de reconnaissance optique de caractères (OCR : Optical Character Recognition)

La reconnaissance optique de caractères convertit les images de textes, comme les documents numérisés, en véritables caractères. Ce processus permet d'éditer et de réutiliser le texte qui se trouve figé à l'intérieur des images numérisées. Il opère en utilisant une forme d'intelligence artificielle fondée sur la reconnaissance de motifs pour identifier des caractères sur une page, y compris les signes de ponctuation, les espaces et les fins de ligne.

Trois scénarios sont possibles pour l'exécution de la reconnaissance optique de caractères :

✓ **Automatique :** La reconnaissance optique de caractères est lancée automatiquement à chaque nouvelle numérisation, sauf en cas de modification des préréglages de numérisation.

✓ **Manuelle :** La reconnaissance optique de caractères est lancée manuellement sur les documents numérisés à l'aide d'un autre programme.

✓ **Indexation :** L'indexation est une fonctionnalité système qui permet de localiser rapidement des fichiers sur un ordinateur en recherchant un texte. Lorsqueune reconnaissance optique de caractères est effectué sur des fichiers TIFF (Tagged Image File Format) ou MDI (Microsoft Document Imaging), le texte reconnu peut être utilisé en index pour la recherche de fichiers TIFF et

MDI. Ainsi, n'importe quel fichier ou tous les fichiers TIFF et MDI sur un ordinateur peuvent être indexé.

4.5.2 L'extracteur WINTASK [TAS13]

Le système WinTask permet de réduire considérablement le nombre de tâches répétitives à effectuer pour faire de l'extraction de données. Les macros utilisés par WinTask sont appelés scripts en terminologie WinTask et peuvent être exécutées par simple clic sur une icône ou être lancées par le Planificateur WinTask (sous Windows XP/2003).

Toute tâche à effectuer sur un PC équipé de Windows XP, 2003, Vista, Windows 7, Windows Server 2008 peut être automatisée grâce à WinTask (même dans une boîte Dos). Pour l'automatisation de sites Web et l'extraction de données, Internet Explorer version 6 ou supérieure est nécessaire. WinTask ne peut pas automatiser des applications pures 64 bits comme la version x64 d'Internet Explorer.

Les usages les plus fréquents de WinTask sont :

- ➢ Extraction de données dans des sites Web et copie dans un fichier Excel (récupération d'adresses, de listes de prix, ...).
- ➢ Migration automatique des données entre deux systèmes incompatibles afin d'éviter la saisie de données en double ou la reprise manuelle de données existantes.
- ➢ Lancement d'un ERP, importation de données venant d'autres applications, calculs et impression d'états.
- ➢ Installation et Paramétrage de logiciels sans que l'utilisateur ait à répondre aux questions posées par exemple par InstallShield
- ➢ Automatisation de la production d'états et de leur distribution.

- ➢ Saisie en masse de données et transfert d'une application vers une autre, ou vers des pages Web.
- ➢ Tests de non-régression et tests de sites Web.
- ➢ Tests de disponibilité d'applications et mesures de temps de réponse.
- ➢ Exécution de tâches sur un serveur la nuit.
- ➢ Ajout d'un langage macro à un logiciel qui n'en est pas pourvu.
- ➢ ...

4.5.3 L'extracteur RETROWEB [Tea13]

L'extracteur RETROWEB a été développé au sein de la CETIC (Centre of Excellence in Information and Communication Technologies). Il est basé sur :

- ✓ Extraction de connaissance à partir de contenu peu structuré (Knowledge Extraction from Unstructured Content) : ce type d'extraction est basé sur trois techniques. D'abords, l'extraction de données Web (Web wrapping), cette technique consiste à analyse (parser) un document Web pour isoler de la donnée pertinente. Ensuite, la technique du regroupement de documents (Document clustering) qui consiste à étudier l'organisation et la structure des documents Web. Enfin, la fouille de texte (textmining), cette technique est un ensemble de traitements informatiques consistant à extraire des connaissances selon un critère de nouveauté ou de similarité à extraire des connaissances selon un critère de nouveauté ou de similarité dans des textes produits par des humains pour des humais. Dans la pratique, cela revient à mettre en algorithmes un modèle simplifié des théories linguistiques dans des systèmes informatiques d'apprentissage et de statistiques.

✓ Moteur de recherche (Search Engines) : ce type d'extraction est basé sur trois techniques. D'abords, le processus utilisé par les moteurs de recherche pour collecter des pages sur le Web (crawling). Ensuite, la fouille de texte (textmining) et l'analyse et indexation (analysis/indexing) qui est une technique qui permet d'analyse le contenu d'un document pour pouvoir l'indexer, en d'autre terme, référencier la donnée pertinente. Enfin, la recherche (search) qui consiste à cibler et isoler la donnée pertinente.

✓ Sémantique du Web (Semantic Web) : ensemble de technologies visant à rendre le contenu des ressources du Web accessible et utilisable par les programmes et agents logiciels, grâce à un système de métadonnées formelles, utilisant notamment la famille de langages développés par le W3C. La sémantique du Web est basée sur deux techniques. D'abord, l'ontologie et ingénierie de terminologie (Ontology and terminology engineering), cette étude se concentre sur l'extraction de l'information relative à l'ontologie contenue dans les sources de données Web étudiée (page XML, base de données, page Web). Ensuite, les micro-formats (Micro-formats), un micro-format (µF) est une approche de formatage de données basé sur le web qui cherche à réutiliser le contenu existant comme les métadonnées, en n'utilisant que des classes et attributs XHTML et HTML.

RetroWeb est une solution qui répond au besoin d'isoler la donnée pertinente de la structure HTML d'une page Web de très mauvaise sémantique et très peu structurés (WeakSemantic). Un autre problème auquel RetroWeb s'est confronté est le changement constant de ces documents.

Les grands challenges que RetroWeb à remporter concernant l'extraction de données Web sont :

- ✓ L'assemblage et l'organisation des documents pertinents (service Web et processus utilisé par les moteurs de recherche pour collecter des pages sur le Web).
- ✓ La localisation des données à partir de documents, cette technique est basé sur trois concepts : D'abord, les expressions régulière, ensuite, la structure d'élément dans un document Web et enfin les ressources externes utilisé pour régir la navigation entre les documents Web d'une source de données Web.

RetroWeb est basé sur deux outils qui sont:

RetroWeb-GUI : définition semi-automatique des règles d'extraction (processus visuel)

RetroWeb-Wrapper : extraction de données Web à partir de règles d'extraction

Pour comprendre le fonctionnement de l'outil Retro-Web, nous présentons une démonstration de l'outil proposé sur Internet (www.cetic.be):

La fouille de Web est appliquée au site de recherches de films :**http://www.imdb.com** , les URLs utilisés sont :

- ✓ **http://www.imdb.com/title/tt0821642**
- ✓ **http://www.imdb.com/title/tt0858486**

✓ **http://www.imdb.com/title/tt0458525**

Les informations ciblées sont : (title, tagline, actors), les exemples utilisés pour générer les règles d'extraction sont: 'THE SOLOIST', 'TERRA' et 'X-Men : origins : Wolverine'.

Figure 2.22 Application de la méthode RetroWeb sur une source de données test (www.imdb.com)

Pour générer les règles d'extractions, l'outil **RetroWeb** se base sur le diagramme suivant :

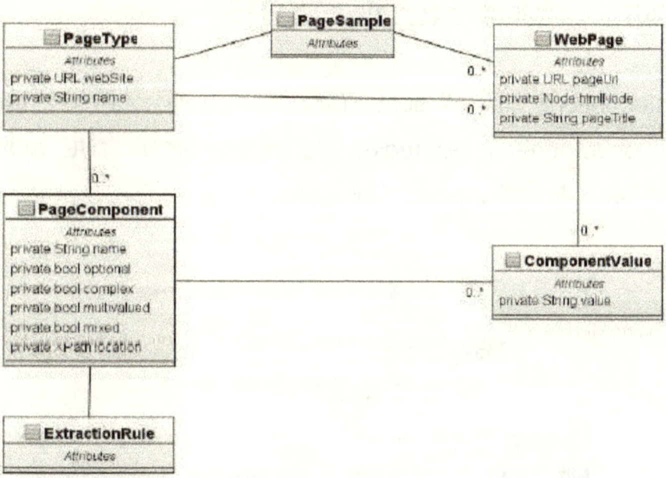

Figure 2.23 Règles d'extraction de l'outil RetroWeb

En front-office, la génération des règles d'extractions se fait suivant l'interface graphique suivant :

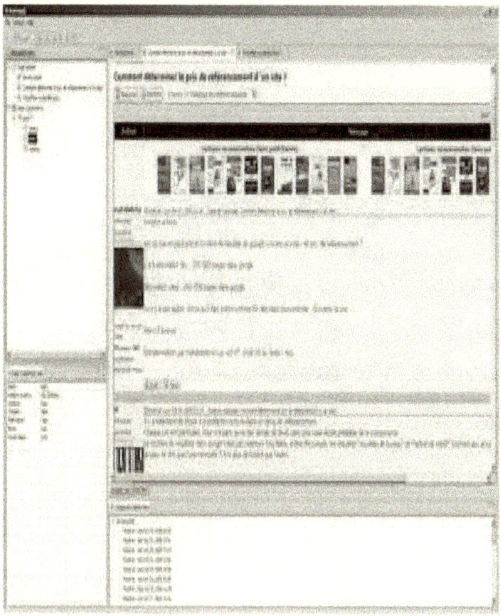

Figure 2.24 Génération de règles d'extraction de l'outil RetroWeb

Dans sa forme actuelle, Retroweb remplit efficacement son rôle d'outil d'extraction sur Internet. Il est toutefois amené à évoluer selon l'apparition de nouvelles technologies ou de nouveaux besoins d'entreprises. Ainsi, nous pouvons, déjà actuellement, avancer les pistes de recherche suivantes :

L'interopérabilité avec les langages du Web Sémantique et l'un des grands challenges de l'Internet de demain, en effet, Internet pourra être aussi exploitable par des êtres humains (en améliorant l'ergonomie des sites, par exemple) que par des machines. Le Web Sémantique répond à ce dernier objectif en proposant des langages et des techniques pour associer un sens, une signification aux données du Web. En tant qu'outil d'annotation sémantique de pages Web, Retroweb a clairement un rôle à jouer pour surmonter ces défis.

La réparation automatique des règles d'extraction induite par la modification majeure du code HTML d'une page, une règle d'extraction peut ne plus être valide. Aussi, il faut pouvoir, évidemment, détecter l'erreur lors de l'extraction et adapter automatiquement la règle au nouveau cas.

L'intégration de Retroweb dans une architecture de moteur de recherche traditionnel collecte des documents, en extrait le contenu textuel et le stocke sous la forme d'un index i.e. une représentation compressée des termes et des documents dans lesquels ils apparaissent. Ce processus d'indexation est dit "full-text" car il ne gère que le contenu syntaxique des documents. A l'inverse, Retroweb-Wrapper peut permettre une indexation sémantique car ce module est capable de comprendre le sens des données qu'il extrait. Une intégration de Retroweb-Wrapper au sein d'un moteur de recherche semble donc pouvoir apporter une réelle plus-value aux architectures des moteurs traditionnels.

Pour rester compétitive, une entreprise doit conserver la maîtrise des informations qui la concernent. Il s'agit aussi bien des données qu'elle détient en interne que de celles qui sont publiées sur Internet. Malheureusement, il est difficile d'exploiter, de manière efficace, ces données mouvantes et peu structurées. Retroweb est un outil d'extraction de données vers un format structuré et interprété. Il peut être utilisé dans le cadre de diverses applications : moteur de recherche, veille concurrentielle, migration de sites Internet.

V. Synthèse et comparative

Les MRV nécessitent un système d'extraction de données qui réponds aux critères suivants:

- ✓ Traitement des valeurs manquantes
- ✓ Traitement de l'ordre des données
- ✓ Traitement de la hiérarchie des données
- ✓ Niveau de structuration d'une source Web

Le tableau 2.7 définit les méthodes qui prennent en considération ces critères:

Systèmes Critères	WIEN	SOFTMEALY	STALKER	IERel	Gene/Clone	DIPRE	IEPAD	XTROS	IEREL
Traitement des valeurs manquantes	N	O	O	O	N	O	O	O	O
Traitement de l'ordre des données	N	O	O	O	O	O	N	N	O
Traitement de la hiérarchie des données	N	N	O	O	O	N	O	N	O
Niveau de structuration d'une source Web	N	N	N	N	N	N	N	N	N

Tableau 2.7 Critères considérés dans la construction d'un MRV

O (oui) : Problème traité

N (non) : Problème non traité

VI. Positionnement de notre approche

L'étude des différentes approches d'extraction de données à partir du Web révèle plusieurs points non traités nécessaire à la construction d'un MRV. De plus, les documents d'une source Web sont tous structurés selon un algorithme propre à chaque approche, dans la majorité des cas, une transformation au format XML du document HTML est adoptée. Cependant, chaque approche propose sa propre technique de structuration des pages Web.

D'autre part, ces approches ne se sont pas notamment penchées sur le traitement des données manquantes, l'étude de l'ordre des données et leurs hiérarchies. Certes les approches XTROS et STALKER ont réussi à contourner ces trois difficultés, cependant l'approche STALKER est une méthode à base de pages étiquetées et donc nécessite une intervention humaine fastidieuse et implique une reconfiguration du système à chaque fois que la source Web change de structure. L'approche XTROS quant à elle n'est pas générique, ainsi, ces implémentations ne peuvent être appliquées qu'à un domaine donné. Dans ce contexte, nous nous intéressons plus particulièrement à l'étude des valeurs manquantes tout en proposant une approche qui permet d'implémenter des extracteurs de données Web générique. Enfin, notre dernière contribution est une modification de la généralisation de contexte que nous avons expliquée dans notre état de l'art. L'impact de cette contribution augmentera considérablement le taux de régularité, le taux de compacité et le taux de couverture des motifs générés par notre approche.

VII. Conclusion

Les méthodes WIEN, STALKER et SOFTMEALY cherchent toutes à délimiter les valeurs d'un tuple de manière indépendante à partir du contexte local de chaque valeur. Ceci pose plusieurs problèmes. Par exemple, considérons le contexte suivant :

1 ...

2 <tr><td>Café</td><td>0.40</td></tr>

3 <tr><td>Les gateaux</td></tr>

4 <tr><td>Cookie</td><td>1.20</td></tr>

5 ...

Supposons que nous cherchions à extraire ("Café","0.40"), ("Cookie","1.20") et toutes les instances du même format et que les seules parties communes avant et après tout nom ou prix d'un produit soient respectivement <td> et </td>. Dans notre méthode nous aurions tout naturellement un motif de la forme (3,4-3,4) où 3 et 4 correspondent respectivement aux codes de <td> et </td>.

Avec des méthodes à base de délimiteurs tel que WIEN ou STALKER nous avons un problème pour choisir le délimiteur droit des noms de produits et le délimiteur gauche des prix des produits. En effet, ils doivent respectivement être un préfixe et un suffixe de </td><td> sans toutefois se chevaucher.

Par exemple, nous ne pouvons avoir en même temps <td>comme délimiteur droit des noms et </td> comme délimiteur gauche des prix. En effet, la recherche d'un nouveau délimiteur commence là où le précédent à terminer. Comment ce choix est effectué par les méthodes citées n'est pas évident. Dans le cas de SOFTMEALY la notion de séparateur n'impose pas de telles contraintes sur les séparateurs gauche et droit de valeurs successives.

Un autre aspect important dans la génération d'adaptateurs est la méthode de construction des motifs. Les méthodes les plus proches de la méthode basée sur la généralisation de contextes que nous proposons sont les méthodes inductives WIEN, STALKER et SOFTMEALY. Dans la méthode WIEN, l'algorithme proposé consiste à générer un ensemble de délimiteurs candidats et de tester leurs validités par rapport à un ensemble de contraintes (cf. chapitre 1).

En pratique cette méthode s'avère peu efficace en temps d'exécution. Elle peut être largement améliorée en constatant que les contraintes imposent simplement qu'un délimiteur gauche (resp. droit) doit être un suffixe (resp. préfixe) de chaque sous-chaîne apparaissant avant (resp. après) la valeur à délimiter. Dans le cas de STALKER, la méthode proposée fonctionne par raffinements successifs. Initialement, un motif constitué d'un unique symbole est construit. Ensuite, tout motif délimitant une position non étiquetée est raffiné. Le raffinement consiste à ajouter un symbole au motif. De la même manière que pour WIEN, cette méthode nécessite un temps considérable et nécessite la génération d'un nombre élevé de motifs avant d'obtenir un motif acceptable.

Notamment, cette méthode génère un grand nombre de candidats qui ne couvrant aucun exemple. Tester la validité de tels motifs nécessite un parcours des documents exemples. Aucun motif couvrant une instance n'est généré à cause des propriétés de notre méthode par généralisation de contextes. Ceci se traduit par un gain notable en temps d'exécution. Le système SOFTMEALY utilise une méthode qui est aussi basée sur la généralisation. Celle-ci est comparable à celle que nous utilisons.

De manière similaire à la méthode proposée par Brin et implémentée par le système DIPRE, nous cherchons à répondre à un besoin qui est la construction d'une relation à partir de données issues du Web. Toutefois notre objectif se distingue de celui de Brin de plusieurs manières. D'une part les relations à extraire ne sont pas des relations générales telles que la relation (auteur; titre). D'autre part, l'objectif n'est pas d'extraire quelques instances de la relation apparaissant dans tout le Web, mais toutes les instances de la relation apparaissant dans une source donnée. Dans le cas du système DIPRE, nous cherchons à construire un ensemble de motifs très simples pouvant s'appliquer rapidement à un grand ensemble de pages. À l'inverse notre méthode cherche à construire un ensemble de motifs, qui peuvent être complexes et capables d'extraire toutes les instances d'un ensemble de pages d'une même source. Ainsi, les motifs générés par la méthode de Brin s'avèrent souvent trop simples pour permettre une extraction de manière complète de toutes les instances d'un ensemble de pages. Notre méthode propose de construire des motifs plus complexes permettant de répondre à ce problème d'extraction.

De manière générale, la méthode présentée ici permet d'obtenir un adaptateur rapidement sans étiqueter des pages entières. Nous verrons dans le chapitre suivant, différentes expérimentations qui le confirment.

Dans leur objectif, les adaptateurs à base de connaissances permettent la construction d'un adaptateur pour un domaine donné en spécifiant certaines caractéristiques de présentations du domaine. Cependant, recenser l'ensemble des formes de présentations possibles nécessite une analyse de l'ensemble des sites desquelles l'utilisateur souhaite extraire afin de les intégrer dans la connaissance du domaine. A partir de l'état de l'art que nous avons fait, nous savons que ces méthodes ne sont pas réellement indépendantes des sources de données. Par ailleurs, les méthodes à base de connaissances font une utilisation implicite de la structure du document. Elles supposent que les documents sont construits de manière à ce que les valeurs d'un même objet se suivent dans le document et donc, ce type de méthode ne s'adapte pas aux changements de la structure d'une page Web. Pourtant ceci n'est pas toujours le cas. De plus elles s'appuient sur l'existence de labels permettant d'indiquer la présence d'une valeur d'un type donné. Or ceci peut ne pas être le cas, notamment lorsque la source de données est très structurée comme pour une source dont les données sont présentées dans un tableau.

Chapitre 3 : Le système WIEBMat

Ce chapitre est consacré à la description d'une nouvelle approche de recherche et d'extraction d'information à partir du Web. Cette technique se démarque des autres approches par un traitement à la fois des valeurs de données manquantes, du traitement de l'ordre des données et de leurs hiérarchies. De plus, elle se distingue par le fait qu'elle étudie la mal structuration d'une source Web pour définir si elle est exploitable ou pas.

I. Introduction

La méthode WIEBMat (Wrapper Induction Environement based on Matrices)[ED08] a été conçue dans le but de construire des MRV. La figure 3.1 explique brièvement les étapes réalisées par ce système.

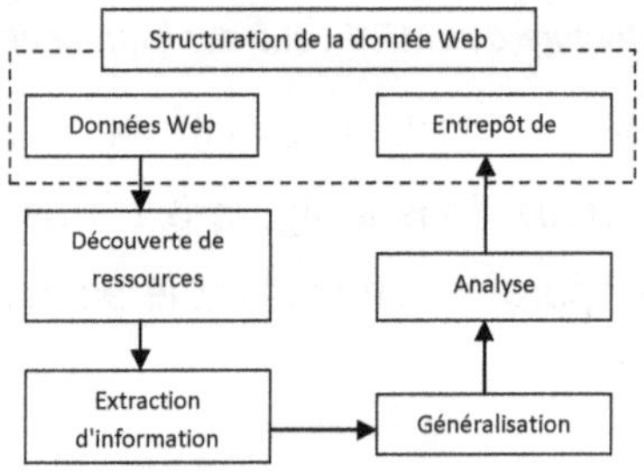

Figure 3.1 Procédures de l'approche WIEBMat

- ✓ Découverte de ressource: parcourir le Web pour collecter des ressources (pages Web)
- ✓ Extraction d'information: Extraire automatiquement des information à partir de ressources non-structurées ou semi-structurées.
- ✓ Généralisation: Système d'intégration d'information
- ✓ Analyse: Analyse de la pertinence des pages résultats

WIEBMat est conçu pour être intégré dans des MRV selon l'architecture présenté dans la figure 3.2.

Collecteur	Détection d'URLs
Extracteur	Extraction de données: structurées, semi-structurées
Intégrateur	Calcul de similarité (Utilisation des expressions
Indexeur	Tokenisation des requêtes utilisateurs + filtrage de

Figure 3.2 Architecture des MRV basé sur l'approche WIEBMat

Ce chapitre explique le fonctionnement de l'approche WIEBMat suivant les étapes décrites dans la figure 3.1. Ensuite, en synthèse , nous résumons cette approche en mettant le point sur ses avantages et ses points faibles.

II. Découverte de ressources

WIEBMat explore la partie du Web sur laquelle il agit en se basant sur la théorie des graphes. Ce système modélise le web sous la forme d'une structure hiérarchique. La racine de cette structure est l'URL d'un répertoire Web. Ce choix est fait pour la contenance de ce type d'URL d'un grand nombre d'URLs.

Les nœuds constituant ce graphe du web doivent avoir:

✓ Un fort coefficient de clustérisassions

✓ une faible distance moyenne

✓ un degré de distribution qui suit une puissance linéaire

✓ une forte connexité

✓ une racine unique

✓ une forte ouverture vers plusieurs niveaux de recherche

✓ une structure de graphe en forme de nœud papillon

2.1 Fort coefficient de clustérisassions

Le coefficient de clustérisassions est définit dans la théorie des graphes comme le rapport entre le nombre de triangles dans le nœud est le sommet et le nombre de sous-graphes liés à ce nœud sur deux arcs et trois sommets.

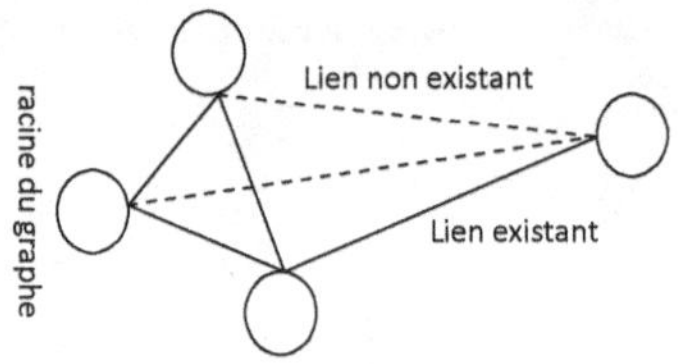

Figure 3.3 Structure de graphe à quatre noeuds et quatre arcs

Dans la figure 3.3, le coefficient de clustérisassions de la racine du graphe est égale à 0,5. Selon la théorie des graphes, ce coefficient est trio faible pour une racine. Ainsi, le collecteur de pages Web de l'approche WIEBMat ne retient que les nœuds de cc ≈ 1. Pour les nœuds de niveau >= 2, le coefficient de clustérisassions admissible devient moins important. Nous définissons la fonction $f(n) = 1 - kn$ (le coefficient k=0,01 et n le niveau de recherche) comme coefficient de clustérisassions par niveau.

2.2 Faible distance moyenne

La distance moyenne est définie dans la théorie des graphes comme la distance moyenne entre toutes les paires de nœuds voisins du graphe.

Le collecteur de l'approche WIEBMat cherche à trouver les plus court chemin entre tous les nœuds du graphe pour éviter les arcs redondants.

2.3   *Degré de distribution qui suit une puissance linéaire*

La loi de puissance des degrés de distribution des nœuds est représentée par un graphe log-log (figure 3.4) de coefficient *k* très élevé dû à la présence d'un grand nombre de nœuds avec peu de connexions et à beaucoup de connexions avec peu de nœuds.

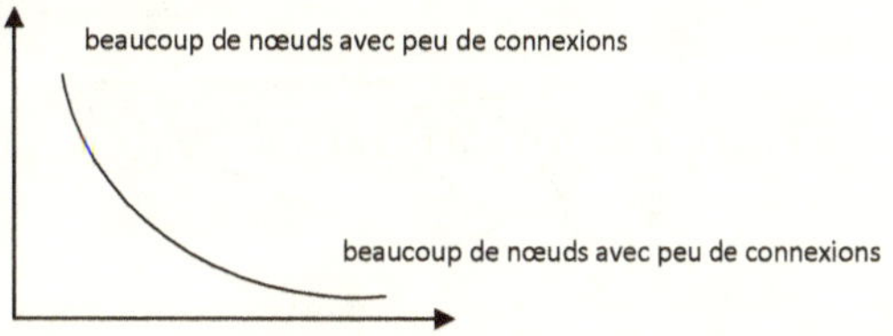

beaucoup de nœuds avec peu de connexions

beaucoup de nœuds avec peu de connexions

Figure 3.4 Représentation graphique de la loi de puissance de distributions des degrés de noeuds (coefficient k très élevé)

Le système WIEBMat réduit le coefficient k pour être ≈ 1 et donc obtenir un graphe approximativement linéaire (figure 3.5).

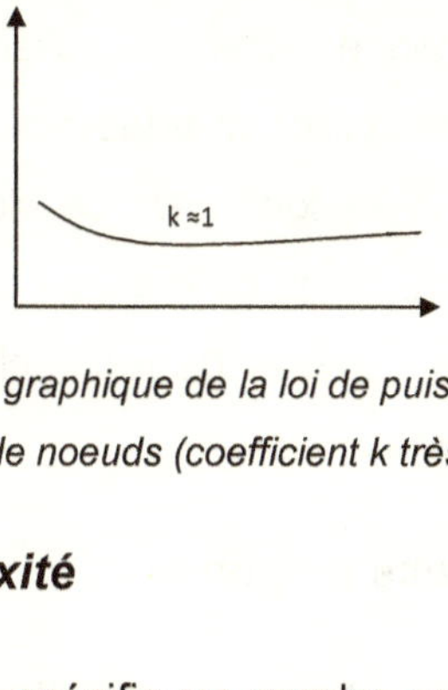

k ≈1

Figure 3.5 Représentation graphique de la loi de puissance de distributions des degrés de noeuds (coefficient k très élevé)

2.4   **Forte connexité**

la théorie des graphes spécifie un graphe connexe par une structure hiérarchique avec un nombre de liens important plus grand que le nombre de nœuds non liés. L'approche WIEBMat réduit le coefficient k de la loi de puissance des degrés de distribution des nœuds en supprimant les itinéraires interrompus entre deux nœuds distants. Le phénomène des itinéraires interrompus entre deux nœuds distants se produit lorsque les URLs deviennent inactives. Il devient donc primordiale d'établir une stratégie pour vérifier la validité d'une URL. WIEBMat traite ce problème en supprimant les dits liens interrompus et ainsi réduire le coefficient k et rendre le graphe connexe.

2.5 Racine unique

Le système WIEBMat opte pour les URLs des annuaires Web comme source de la structure du graphe du Web. Le choix de cette URL est primordial car une URL d'annuaire web peut contenir plusieurs URLs enfants, mais les URLs enfants ne seront pas exploitables pour une recherche sur plusieurs niveaux. Ainsi, l'URL du répertoire web injecté à l'entré du crawler du système WIEBMat doit répondre à trois critères que nous allons préciser comme suit:

✓ Bonne indexé.

✓ Bon classement de popularité sur le web.

✓ Spécialisation

2.6 Forte ouverture vers plusieurs niveaux de recherche

Grâce au choix d'un bon répertoire web il est possible de construire une structure de graphe du web qui s'étend sur plusieurs niveaux.

2.7 Structure de graphe en forme de nœud papillon

Les structures de graphes du web générés par le crawler de WIEBMat sont en forme de nœud de papillon. Ce crawler atteint cette finalité grâce à trois critères:

✓ La recherche thématique.

✓ Le dénombrement des thématiques différentes.

✓ La classification dans une thématique donnée.

Les URLs fournit par le collecteur WIEBMAt sont:

- ✓ des moteurs de recherche
- ✓ des annuaires web
- ✓ des Meta moteurs de recherche

Dans ces trois cas, l'URL contient forcément un formulaire de recherche. Pour simuler des recherches à partir de ces ressources. Un système compris dans le collecteur de WIEBMat simule les recherches en se basant sur des navigateurs virtuels.

III.   Extraction d'information

3.1   prétraitement des pages Web (structuration des pages Web)

3.1.1 Introduction

Les structures de données manipulées par un programme informatique quelconque sont traditionnellement stockées (sérialisées) en une forme dont le schéma général est un arbre : un compilateur, par exemple, attend en entrée un code source correspondant plus ou moins directement à un arbre syntaxique, et la construction de celui-ci est l'un des premiers traitements effectués par la compilation.

Le format XML, normalisé par le W3C, évite à chaque application de redéfinir une syntaxe spécifique pour décrire son arbre. Les implémentations des algorithmes pour construire la structure de données de la forme sérialisée, et pour générer à l'inverse cette forme à partir de la structure de données, sont factorisées dans des bibliothèques comme DOM ou EXPAT : en plus d'alléger le développement des applications les utilisant, stocker les données de manière unifiée facilite l'échange de données entre plusieurs programmes.

Cependant, si les développeurs ont très vite été attirés par l'aspect moderne de la syntaxe du XML, et ont souhaité l'adopter pour leurs développements, l'habitude de réécrire les interfaces entre la forme sérialisée et la structure de données abstraite a perduré et continue d'être constatée. Or si le format XML est normalisé rigoureusement afin d'offrir une syntaxe simple à lire et à écrire par les bibliothèques se conformant à la norme, les implémentations spécifiques de certains développeurs ne respectent pas forcément ces règles de formation, et sont ainsi difficilement exploitables par d'autres implémentations. Du reste, le XML hérite du style syntaxique du SGML, c'est un héritage commun avec le HTML, format conçu quant à lui pour être simple à écrire pour l'utilisateur et dont la syntaxe est beaucoup moins contraignante : le XML étant apparu après, Il a également hérité des habitudes des développeurs HTML.

Pourtant, être capable d'analyser un fichier de données indépendamment de l'application qui l'a créé est pratique, en particulier pour pouvoir indexer de façon cohérente les informations de toute nature dispersées au sein d'un système ou d'un réseau. Pour avoir accès à l'aide des outils classiques aux informations stockées dans un document pseudo-XML généré par un programme non conforme aux spécifications, une idée naturelle est d'en déduire un document XML bien formé et si possible validant, c'est-à-dire avec une structure d'arbres dont les emboîtements répondent à un schéma qui permet d'appréhender la nature, la fonction, la sémantique en quelque sorte, des informations contenues. On s'attend à retrouver autant que possible les informations de l'original, avec une structure tentant de reproduire une sémantique relativement proche, en fonction d'un schéma donné.

3.1.2 Syntaxe XML

Un document XML est un texte dans lequel on distingue certains éléments particuliers, parmi lesquels :

✓ des balises, repérées par un couple de crochets < et >

✓ des entités, repérées par un & initial et un ; final qui délimitent le nom d'un symbole

à cela il faut ajouter comme éléments distingués les commentaires, les données brutes (CDATA) et les informations de traitement (PI). Le crochetage est similaire dans chacun des cas à celui des balises.

Tout texte à l'extérieur des balises et des commentaires constitue le contenu du document. Les entités sont insérées en remplacement de symboles non accessibles directement, pour des raisons d'encodage ou de conflits avec les symboles privilégiés du format (< et & par exemple). Les données brutes permettent d'insérer une séquence quelconque de symboles au sein du contenu, aucun élément ne sera distingué entre les délimiteurs <[!CDATA[et]]>. Les informations de traitement sont spécifiques à l'application.

On fait la distinction entre les balises ouvrantes et les balises fermantes. La syntaxe générale est de la forme suivante:

✓ Balise ouvrante : < e a1 = v1 a2 = v2 ... ak = vk>

✓ Balise fermante : </e>

Les valeurs des attributs v1, v2, ..., vk sont délimités par des guillemets simples ou doubles, entre lesquels peuvent être présents des caractères appartenant à un large sous-ensemble d'Unicode, tant que l'encodage du document le permet, à l'exception des guillemets eux-mêmes, et de & qui permet d'introduire des entités.

Les caractères composant une étiquette (de balise ou d'attribut) appartiennent à un alphabet sous-ensemble d'Unicode, notons-le ici Name. En pratique, l'initiale d'une étiquette doit appartenir à un sous-ensemble strict de Name. Le caractère « : » est distingué dans Name : dans une étiquette ne devrait être présent qu'au plus un « : ». S'il est présent, les deux parties qu'il sépare au sein de l'étiquette sont respectivement la référence à un espace de noms et le nom local. La résolution de l'espace de noms ainsi référencé fait appel à la structure d'arbre sous-jacente au texte du document.

Nous supposons disposer d'un analyseur syntaxique transformant le document texte en un flot de blocs, chaque bloc étant soit un contenu, où les entités ont été substituées par le caractère qu'elles représentent, soit une balise, dont on a repéré le type (ouvrante ou fermante), le nom et les éventuels arguments.

Les balises vides, qu'on note dans la suite <m.../>, Sont équivalentes à une balise ouvrante suivie immédiatement de la balise fermante correspondantes, c'est-à-dire

3.1.3 Structure d'arbre

Les balises confèrent au document une structure d'arbre : outre quelques balises spéciales en début de document qui constituent le préambule, le document est à voir comme la transcription d'une lecture en profondeur du contenu de l'arbre : les extraits du contenu entre deux balises correspondent à des feuilles de l'arbre, et à chaque nœud correspondent, dans l'ordre, une balise ouvrante étiquetant le nœud, puis la transcription récursive des fils de ce nœud, et enfin une balise fermante reprenant l'étiquette du nœud.

Plus formellement, nous définissons deux opérations Contenu et Élément, et l'ensemble T comme la plus petite famille vérifiant :

✓ Pour tout texte t composé des caractères du sous-ensemble Unicode, Contenu t ∈ T

✓ Pour toute étiquette e, tout attribut a ∈ Name, et toute suite finie u ∈ T ∗, Élément (e, u, a) ∈ T.

On remarque qu'au sein d'un Élément (e, u, a), u est une suite et non un ensemble, l'ordre des fils est donc important.

L'arbre d'un document XML a pour racine un élément (il ne peut s'agir que d'un contenu sans balises). Soit T le sous-ensemble de T tel que t ∈T si t de la forme Élément (. . .). Les éléments de T sont des arbres, avec une seule racine, le document débute par une balise ouvrante, et à celle-ci correspond une balise fermante de même étiquette en fin de document.

En pratique, l'arbre d'un document XML est généralement peu profond. Par contre, les fratries, qui correspondent aux listes u de l'algorithme, contiennent souvent un grand nombre d'éléments, le XML étant fréquemment employé pour représenter de larges bases de données. Généralement, ni u, ni pile ne sont construits, les éléments lus sont envoyés au fur et à mesure à l'application appelante, qui a accès aux informations de contexte.

3.1.4 Espaces de noms

Les espaces de noms sont définis grâce à des attributs spécifiques attribués aux balises ouvrantes et attachés à leur contexte. Les éléments de la pile contexte sont agrémentés d'un espace de nom par défaut et d'une association entre nom simple (étiquette sans :) et espaces de noms. Les espaces de noms sont identifiés par des URI.

Sur une balise ouvrante, l'attribut 'xmlns' spécifie un nouvel espace de noms par défaut ; s'il est absent, le contexte ajouté hérite de celui du contexte qui était en sommet de pile, le cas échéant, sinon de l'espace de noms vide. De même, le nouveau contexte hérite de l'association du contexte précédent le cas échéant, sur lequel on ajoute ou on redéfinit les espaces de noms associés aux noms locaux des attributs qualifiés par l'espace de noms de référence 'xmlns', on associe ces contextes aux URI contenus dans les valeurs de ces attributs. En pratique, l'héritage des associations a la forme d'une liste chaînée : on stocke dans le contexte l'association restreinte aux espaces de noms (re)définis au sein de la balise considérée, plus un pointeur sur la l'association du contexte parent.

- ✓ On note $\rho = [u1 \leftarrow v1, u2 \leftarrow v2,...,un \leftarrow vn]$ l'association telle que $\rho(u1) = v1$, $\rho(u2) = v2$, ..., $\rho(un) = vn$.
- ✓ On note $\rho = \rho[u1 \leftarrow v1, u2 \leftarrow v2,...,un \leftarrow vn]$ l'association telle que $\rho(u1) = v1$, $\rho(u2) = v2$, ..., $\rho(un) = vn$ et, pour tout $u \notin \{u1, u2,...,un\}$, $\rho(u) = \rho(u)$.

L'association initiale est $[\varepsilon \leftarrow « »]$, qui établit que l'espace de noms par défaut initiale est l'espace de noms racine, c'est-à-dire l'espace de noms vide. On définit la fonction suivante pour extraire des attributs d'une balise la définition du nouvel espace de noms ainsi que les attributs non relatifs aux espaces de noms.

Espaces de noms (ρ, a)

$\rho \leftarrow \rho$

Pour tout $(\alpha = \beta) \in$ à faire

    Si $\alpha = «$ xmlns $»$

        alors rho $\leftarrow \rho[\varepsilon \leftarrow \beta]$

Sinon si α = « xmlns : n »

alors rho ← ρ[n ← β]

sinon a ← a .(α = β)

renvoyer (ρ ,a)

Une fois que les définitions des espaces de noms d'une balise ont été traitées, on résout l'espace de nom auquel appartient l'étiquette de la balise et les autres attributs – l'éventuel attribut d'étiquette xmlns et les attributs appartenant à l'espace de noms ayant pour référence 'xmlns' étant écartés. La résolution consiste, pour les étiquettes sans référence à un espace de noms, de considérer, dans le cas d'une balise, l'espace de noms par défaut, et, dans le cas d'un attribut, l'espace de noms racine. Sinon on considère l'espace de noms associé à la référence indiquée : soit u l'espace de nom obtenu et n le nom local de l'étiquette, alors le nom de la balise ou de l'attribut dont on considère l'étiquette sera u#n, où # est un symbole n'appartenant pas à l'alphabet des noms.

Résolution (ρ, e, balise?)

Si e = « ns : nl »

alors renvoyer ρ(ns)#nl

Sinon si balise?

Alors renvoyer ρ(ε)#e

Sinon

Renvoyer « »#e

3.1.5 Contrainte liées à un schéma structurel [GRU99]

Un document XML validant est un document XML bien formé dont l'arbre est conforme à un schéma structurel. **DTD** et **XML SCHEMA** sont deux langages permettant de décrire un tel schéma.

Le schéma structurel impose d'abord un ensemble fini de noms pour les balises et pour les attributs. On note N l'alphabet contenant les noms autorisés pour les balises.

Pour un nœud donné, considérons le « mot des sous-nœuds », appartenant à N , constitué des noms de chacun des sous-nœuds immédiats, pris dans l'ordre. L'essentiel des contraintes d'un schéma structurel est la donnée du langage rationnel auquel doit appartenir ce mot.

Le schéma structurel attribue à chaque nœud un type. Dans le cas particulier d'une DTD, ce type est fonction directe du nom du nœud (autrement dit, on peut considérer le type d'un nœud est exactement son nom). Dans le cas plus général considéré par le XML Schema, ce type est aussi fonction de ce qui a été lu précédemment.

Plus précisément, nous représentons un schéma structurel par une famille d'automates déterministes non nécessairement complets. On distingue un automate « racine », chacun des autres automates correspond à un des types de nœuds définis par le schéma.

Chaque automate reconnait le langage rationnel auquel doit appartenir le mot des sous-nœuds pour un type de nœud donné. En plus d'être étiquetée par un nom de sous-nœud, chacune des transitions précise le type qu'il convient d'affecter à ce sous-nœud. Pour une DTD, il s'agit simplement de l'étiquette elle-même. Pour un Schéma XML, c'est un type quelconque : ce type est donc déterminé par la position du sous-nœud dans l'arbre, et il peut se déduire simplement en lisant l'automate. Attention : le type précisé par la transition n'intervient pas dans le caractère déterministe de l'automate, c'est-à-dire que pour un état donné, n'est issue qu'au plus une transition étiquetée par un nom donné, et donc le type du sous-nœud lu est simplement fonction du nom de la balise rencontrée et de l'état courant dans l'automate.

Le schéma impose pour certains types de nœuds de ne pas avoir de feuilles directes. Si le schéma est décrit à l'aide d'une DTD, alors, pour les nœuds pouvant contenir des feuilles, le langage imposé pour les sous-nœuds est soit {ε}, soit l'étoile d'une union des noms autorisés pour les balises filles. Le schéma XML n'impose pas de limitation sur le langage. Cependant, dans tous les cas, ces deux langages de description de schémas ne permettent pas de contrôler l'entrelacement entre les feuilles et les sous-nœuds au sein d'un nœud père donné. Pour chaque type de nœuds, le schéma indique également quels attributs sont autorisés. Cependant, les attributs et leurs valeurs n'interviennent pas dans le typage du nœud : les transitions de l'automate ne dépendent que des noms des nœuds. Éventuellement, on impose aussi des contraintes sur le type des valeurs pouvant être prises par chacun des attributs, ce type est décrit essentiellement par un langage rationnel. Le schéma XML permet du reste d'imposer, pour un type de nœuds donné, que les feuilles de celui-ci appartiennent à un certain type de contenu, qui est décrit de la même façon que le type des attributs. L'arbre décrit par un document bien formé n'a qu'une racine, donc cet automate correspond au langage de l'union des noms des nœuds pouvant être employés comme racines (chaque nom étant donc une lettre de notre alphabet).

Dans une DTD, tous les éléments définis dans le schéma structurel peuvent apparaître comme racine. Dans le cas général, l'automate racine a deux états, un initial et un final avec une flèche entre les deux pour chaque nom de nœud autorisé pour racine de l'arbre. Les informations concernant un certain type de nœuds peuvent donc être synthétisées en un automate représenté sous la forme d'un 7-uplets A = (Q, A, T, i, F, C, V), où :

✓ Q, A, T, i et F sont respectivement l'ensemble des états, l'alphabet, l'ensemble des transitions, l'état initial et l'ensemble des états finaux. Chaque transition est un 4-uplet (q, e, k, q'), respectivement l'état d'origine, l'étiquette, le type du nœud, et l'état d'arrivée. C'est le langage rationnel, non vide, des contenus acceptés par le type de nœuds associé à l'automate. C = 0 si l'état n'est pas à contenu simple ou mixte.

✓ V est une fonction qui à un nom d'attribut associe l'expression rationnelle des valeurs valides pour celui-ci. V (a) = 0 si cet attribut n'est pas autorisé. Si cet attribut est nécessaire, V (a) = 0 et $\varepsilon \not\in$ V (a)

L'algorithme ci-dessous illustre l'utilisation de la famille d'automates pour valider un document conformément à un schéma structurel.

Validation (Document, $(A_k)_k = ((Q_k, A, T_k, \{i_k\}, F_k, C_k, V_k))_k))$

Contexte $\leftarrow$ [i0], balises $\leftarrow$ [ε], espaces $\leftarrow$ [$\varepsilon \leftarrow$ « »], contenus $\leftarrow$ [« ε »]

Pour tout s lu par l'analyseur syntaxique appliqué à Document faire

    Soit s est un contenu

        Contenus .S $\leftarrow$ continus

        Contenus $\leftarrow$ contenus. « S.s »

    Soit s est une balise ouvrante < e a

    Contexte. $(e_k, x, \rho) \leftarrow$ contexte

        espaces $.(\rho) \leftarrow$ espaces

        $(\rho, a) \leftarrow$ Espaces de nom(ρ, a)

        vérifier $\exists$ $(e_k,$ Résolution$(\rho, e,$ Vrai$), k, e_k) \in T_k$

        pour tout $(\alpha = \beta) \in a$ faire

            vérifier $\beta \in V_{k'}$ (Résolution$(\rho, \alpha,$ Faux$))$

        vérifier $\forall$ $V_{k'}(\alpha) = 0$ tel que $\varepsilon /\in V_{k'}(\alpha)$, $\exists \beta$ tel que $(\alpha = \beta) \in a$

        contexte $\leftarrow$ contexte $.e_k.i_{k'}$

        balises $\leftarrow$ balises.e

        espaces $\leftarrow$ espaces.ρ (e)

        contenus $\leftarrow$ contenus.« ε »

    soit s est une balise fermante < /e >

        contexte.$e_k \leftarrow$ contexte

        balises.x $\leftarrow$ balises

        espaces.$\rho \leftarrow$ espaces

        contenus.S $\leftarrow$ contenus

        vérifier $x = e$ et $e_k \in F_k$ et $S \in C_k$

    vérifier contexte = [(f0)] et contenus = [« ε »]

3.1.6 Extracteur WIEBMat

Les pages Web fournit par le collecteur du système WIEBMat sont codées en HTML, ce langage contient des erreurs de balisage que les navigateur admettent mais qui empêche un programme informatique d'analyser le document. Pour cette raison, l'extraction d'information du système WIEBMat est amorcé par une XMLisation des pages Web (transformation du format HTML au format XML).

Nous avons remarqué que l'XMLiseur de WIEBMat été fonction de trois paramètres et que dans certains cas, il nous été impossible de corriger ces erreurs. En fin de compte, nous avons introduit une variable que nous avons appelé **taux d'XMLisation**.

$$TX = \sum_{k=1}^{3} Pk \ / \text{NBT}$$

P_1: nombre de balises ouvrantes non fermées avec une distance textuelle non nulle.

P_2: nombre d'erreur HTML dans le document Web.

P_3: nombre de balises auto-fermante (SCM) placées dans le document Web comme balise ouvrante.

NBT: nombre de balises total dans le document Web.

Un document Web ayant un TX < 0.37 est irrécupérable par l'XMLiseur de WIEBMat.

Le processus d'XMLisation (figure 3.6) est donc composé de quatre étapes:

- ✓ Récupération des URLs à partir du collecteur WIEBMat.
- ✓ Simulation de la recherche.

✓ Récupération des pages résultat (format HTML).

✓ Transformation des documents HTML en document XML.

La simulation de recherche à partir des URLs fournit par le collecteur est effectuée par l'utilisateur des navigateurs virtuelles. Cette partie est toujours en toujours en phase expérimental, ceci dit, les premiers résultats donnent de bons résultats pour récupérer des pages Web résultat.

3.2 Extraction de données (sélection de motifs candidats)

L'état de l'art que nous avons établit sur les méthodes d'extraction de données à partir des pages web nous a mené au constat repris dans le tableau 3.1:

Adaptateurs	Avantages	Inconvénients
Les adaptateurs à base de pages étiquetées (WIEN, STALKER, SOFTMEALY)	Admet les permutations d'éléments et leurs absences Admet l'utilisation des classes sémantique	Etiquetage complet du document. Admet uniquement l'utilisation de délimiteur qui précèdent et succèdent immédiatement à la donnée pertinente.

Les adaptateurs d'extraction de motifs (IEPAD, ROADRUNNER).	Elimination de l'intervention humaine par la fouille de motif. La fouille de motif répétitifs induit la découverte de régles d'extraction. Temps d'extraction rapide et efficient Rapidité d'apprentissage.	Découverte de relation: non supervisé et et discriminative. Technique purement statistique (e.g : qui ne s'adapte pas au changement de langues).
Les adaptateurs d'extraction de relations à base d'instances exemples (Gêne/Clone, DIPRE, IERel).	Rapidité d'apprentissage et d'extraction.	Configuration manuelle de source de données.
Les adaptateurs à base de connaissances (XTROS).	Minimisation de l'intervention humaine, aucun étiquetage n'est nécessaire. L'adaptateur est	Lors de la reconstruction d'un adaptateur suite à un changement de format de la source aucun étiquetage

	construit en moins d'une seconde.	est nécessaire.

Tableau 3.1 Avantages et inconvénient des extracteurs de données à partir de documents Web

Pour tous les avantages qu'ils présentent, WIEBMat a été conçu sur la notion des adaptateurs basés sur le concept d'extraction de motifs via l'analyse de la structure des documents (les méthodes structurelles) et des adaptateurs d'extraction de relations (les méthodes à base d'instance exemples). Ce type d'adaptateur sont :

✓ Des systèmes applicable à tout type de sources d'information
✓ Des systèmes ne nécessitant aucune contrainte linguistique

L'extracteur de WIEBMAt étudie les régularités d'une page web et encoder les délimiteurs les sequences textuelles (balises). Cet extracteur transforme le document XMLisé en arbre binaire. Cette transformation se fait en quatre étapes:

✓ Partage des balises XML et des chaines textuelles en formes abstraites
✓ Transcodage des formes abstraites en chaines binaires
✓ Construction des arbre PAT à partir de fichier binaire
✓ Isolation de motifs réguliers présents sur l'arbre PAT et filtrage des motifs candidats

3.2.1 Transformation des symboles textuels et des symboles HTML en formes abstraite

Un document XML est formé de contenus textuels plus des balises XML. Ces symboles sont transformés en formes abstraites. Pour expliquer le fonctionnement du point 3.2 nous considérons un exemple et à travers cet exemple nous expliquons le processus d'extraction de données par la méthode WIEBMat.

Le collecteur WIEBMat fournit une liste d'URL, le simulateur simule une recherche par un jeux de mots. Le document résultat est ensuite XMLisé si le taux d'XMLisation du document résultat est supérieur à 0.37%. (figure 3.6)

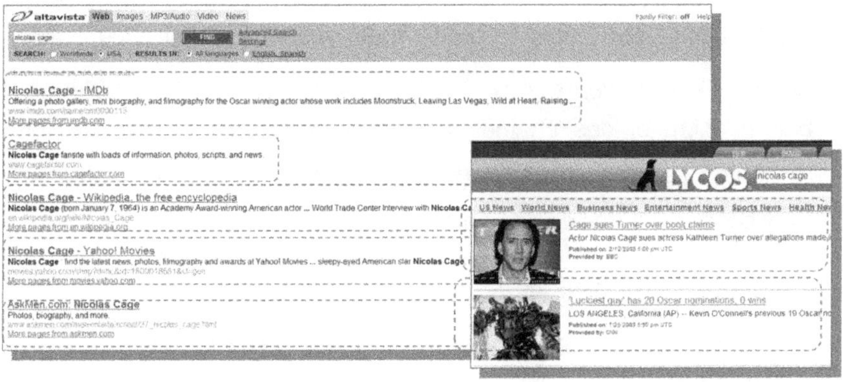

Figure 3.6 Simulation d'une recherche à partir d'un URL fournit par le collecteur de WIEBMat

Dans notre exemple, nous nous intéressons à la partie encadrée en rouge dans la figure 3.6. La figure 3.7 est le résultat d'XMLisation:

\<b\>Nicolas Cage**\</b\>**

\<div class="abstr"\>\<b\>Nicolas Cage**\</b\>** : tous les films dans lesquels il a joué sont sur Cinefil. Sur Cinefil.com retrouvez tous les avis et critiques de films des internautes ainsi que toute ...**\</div\>**

\<span class="url"\>www.**\<b\>**premiere.fr**\</b\>**/Star/**\<b\>**Nicolas**\</b\>**-**\<b\>**Cage**\</b\>\</span\>**

Figure 3.7 Résultat d'XMLisation d'un document Web codé en HTML

3.2.2 Transcodage des formes abstraites en chaine binaire

En mathématique, le transcodage binaire de N symboles nécessitent log(N) bits. Dans notre exemple, quinze formes abstraites nécessite donc trois bits (figure x.x). Pour notre exemple, nous comptons six balises XML et des chaines textuelles brutes, le nombre de formes abstraites est donc de sept (figure 3.8). Ces formes abstraites seront transcodées sur des chaines binaires à trois bits. (figure 3.9)

Html(\<b\>) Text(_)**Html(\</b\>)**

Html(\<div class="abstr"\>)Html(\<b\>) Text(_) **Html(\</b\>)** Text(_) **Html(\</div\>)**

Html(\<span class="url"\>) Text(_)**Html(\<b\>)** Text(_) **Html(\</b\>)**Text(_)**Html(\<b\>)** Text(_) **Html(\</b\>)**-

Html(\<b\>) Text(_)**Html(\</b\>)Html(\</span\>)\$**

Figure 3.8 Transcodage de formes abstraites en chaines binaires

```
Html(<b>)
000

Html(</b>)
001

Html(<div class="abstr">)
010

Html(</div>)
011

Html(<span class="url">)
100

Html(</span>)
101

Text(_)
110
```

Figure 3.9 Transcodage de formes abstraites en chaines binaires

A ce stade, l'extracteur de WIEBMat peut transformer le fichier XMLisé en fichier binaire (figure 3.10).

α: 000 110 001 010 000 110 001 110 011 100 110 000 110 001 110 000 110 001 110 000 110 001 101   Sistring 1 (chaine semi-infinie 1)

β: 110 001 010 000 110 001 110 011 100 110 000 110 001 110 000 110 001 110 000 110 001 101   Sistring 2 (chaine semi-infinie 2)

γ: 001 010 000 110 001 110 011 100 110 000 110 001 110 000 110 001 110 000 110 001 101   Sistring 3 (chaine semi-infinie 3)

δ: 010 000 110 001 110 011 100 110 000 110 001 110 000 110 001 110 000 110 001 101

ε : 000 110 001 110 011 100 110 000 110 001 110 000 110 001 110 000 110 001 101   ....

....
....
....
....
....
....
.....
....

Ω : 101   Sistring n (chaine semi-infinie n)

Figure 3.10 Transformation d'un fichier XMLisé en fichier binaire

3.2.3 Construction de l'arbre PAT à partir de fichiers binaires

La table de traduction des formes abstraites en chaine binaire est utilisé
pour transformer le document XML en un fichier binaire. Ce fichier est
utilisé pour la construction d'un arbre PAT (figure 3.11) selon la règle:

0 : sous arbre gauche.

1 : sous arbre droit.

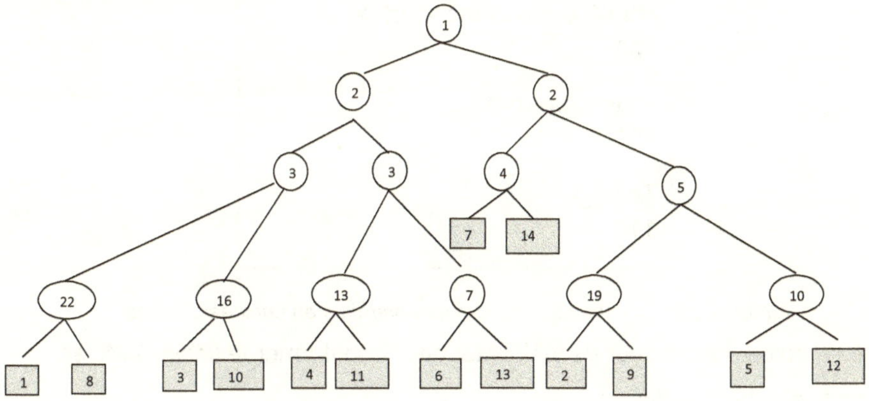

Figure 3.11 Construction de l'arbre PAT

3.2.4 Isolation des motifs réguliers et filtrage des motifs candidats

L'extracteur de WIEBMat étudie les régularités de l'arbres PAT pour
isoler les motifs réguliers. Pour filtrer les motifs candidats, cet extracteur
se base sur le calcul des variances et des densités des motifs α. La
régularité ou variance du modèle en fonction de α:

$$V(\alpha) = \frac{StdDev\{p_{i+1} - p_i \mid 1 \le i < k\}}{Mean\{p_{i+1} - p_i \mid 1 \le i < k\}}$$

La densité du modèle en fonction de α

$$D(\alpha) = \frac{k^* |\alpha|}{p_k - p_1 + |\alpha|}$$

Pour chaque répétition maximale α :

- ✓ V(α) < 0.5
- ✓ 0.25 < D(α) < 1.5

Le motif est sélectionné comme filtre candidats.

3.3 *Sélection (optimisation de motifs)* [EA13]

Pour optimiser l'utilisation de l'approche, l'extracteur de l'approche WIEBMat utilise une dualité entre la relation et les motifs candidats. Nous déterminons cette dualité par l'extraction de données en utilisant les motifs candidats, ces données sont réinjectés comme nouvelles instances exemples dans l'extracteur de WIEBMat. La réitération de cette opération à comme résultat une série de motifs candidats pour lesquelles nous calculons les taux de rappels, les taux de précisions et la pondération de ces deux mesures (F-mesure). Le tableau 3.12 représente ces calculs appliqués sur une URL fournit par le collecteur WIEBMat.

Taux de rappel	Taux de précision	F-measure
0.41	0.98	0.578
0.51	0.97	0.668
0.53	0.96	0.682
0.62	0.95	0.75
0.68	0.94	0.789
0.73	0.93	0.89
0.87	0.92	0.817
0.91	**0.91**	**0.91**
0.92	0.89	0.9
0.93	0.86	0.89

Tableau 3.2 Evaluation du taux de précision, taux de rappel et leur pondération pour une URL donné.

Les motifs retenus sont les motifs qui offre une meilleure pondération.

IV. Généralisation

L'intégrateur utilise une base de connaissance pour l'annotation de données à extraire. Pour l'établissement de cette base de connaissance nous utilisons les expressions réguliers.

Par exemple, pour un MRV spécifique au domaine de l'e-commerce, nous fixons le relation d'extraction par le tuple (libellé, description, prix, stock).

La base de connaissance serait:

```
Libellé :        [a-z]+.*?
Description:  (?<text>.*?)
Prix:
\$\d+(?:\.\d+)?
Stock :          \(.* ?)\
```

V. Analyse

Pour traiter le problème d'extraction de données non pertinentes, l'indexeur de WIEBMat applique le concept des matrices logiques.

Cet indexeur insère les éléments extraits dans une matrice temporaire de dimension deux et de taille m*n:

m : nombre d'occurrences extraits

n : taille de la relation d'extraction

Dans la matrice temporaire, les éléments extraits sont codé en 1, 0 et silence:

1 : Chaines textuelles non vides et non nulles.

0 : Chaines textuelles vides mais non nulles.

Silence : Chaines textuelles nulles (non existants).

Ensuite, l'intégrateur utilise un ensemble de clause E basé sur la logique SI-ALORS pour transformer la matrice temporaire en matrice logique.

Les éléments de la matrice logique alimente l'entrepôt de donnée de WIEBMat.

Enfin, pour retrouver un élément précis dans cet entrepôt de données, l'analyseur de requête de WIEBMat utilise un système de tokenisation de la requête utilisateur plus un filtrage de données selon un des éléments de la relation d'extraction prédéfinit.

VI. Synthèse

La figure 3.12 synthétise le fonctionnement de l'approche WIEBMat:

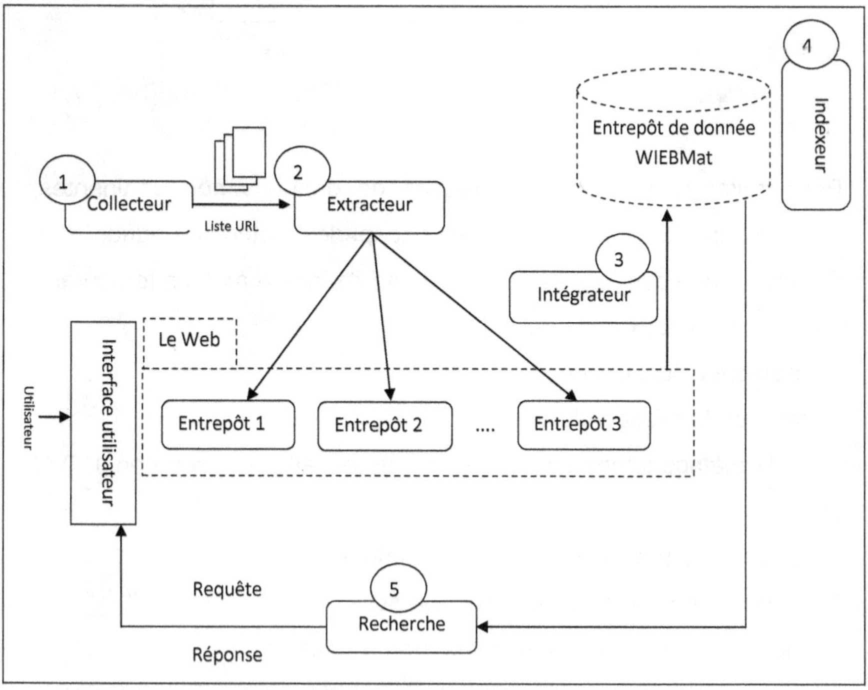

Figure 3.12 Architecture du système WIEBMat

VII. Evaluation et comparaison de l'approche WIEBMat

Systèmes / Critères	WIEN	SOFTMEALY	STALKER	IERel	Gene/Clone	DIPRE	IEPAD	XTROS(H.Seo)	IEREL	WIEBMat
Traitement des valeurs manquantes	N	O	O	O	N	O	O	O	O	O
Traitement de l'ordre des données	N	O	O	O	O	O	N	N	O	O
Traitement de la hiérarchie des données	N	N	O	O	O	N	O	N	O	O
Niveau de structuration d'une source Web	N	N	N	N	N	N	N	N	N	O

O (oui) : Problème traité

N (non) : Problème non traité

Tableau 3.5 : Critères considérés dans notre approche

Ces critères reposent sur quatre critères qui sont :

✓ Traitement des valeurs manquantes : absence d'une valeur dans l'occurrence.

✓ Traitement d'ordres de données différentes : ordre d'apparition de la relation à extraire (structure logique), on parle d'un contenu tabulaire.

✓ Traitement de données hiérarchiques : concept décomposé selon une hiérarchie.

✓ Niveau de structuration d'une source Web : niveau de mal-structuration d'une source Web qui ne permet pas de retrouver la structure initial des documents de la source.

Chapitre 4 : Mise en œuvre et validation

Ce chapitre est consacré l'implémentation de l'approche WIEBMat dans le domaine e-commerce. Ce système vertical a permis de créer un comparateur de prix basé sur plusieurs sites commerciaux.

I.   Introduction

L'approche WIEBMat est conçu pour la conception et la mise en œuvre de MRV. Dans ce chapitre nous introduisons Compiu.com, un MRV spécialisé dans le domaine du e-commerce.

II. Collecteur

Le collecteur de compiu.com prend en entrée l'URL de répertoires web qui répondent aux critères cités dans le chapitre 3. Ainsi, le répertoire web choisi dans le MRV compiu.com est: http://www.marortelecommerce.com/annuaire.htmL.

Le collecteur de WIEBMat utilise deux techniques pour la construction de la structure du graphe du Web (figure 4.1):

- ✓ La **recherche en profondeur** pour les pages statiques
- ✓ Une combinaison **de recherche en largeur** et de **recherche par sommet** pour les pages dynamiques

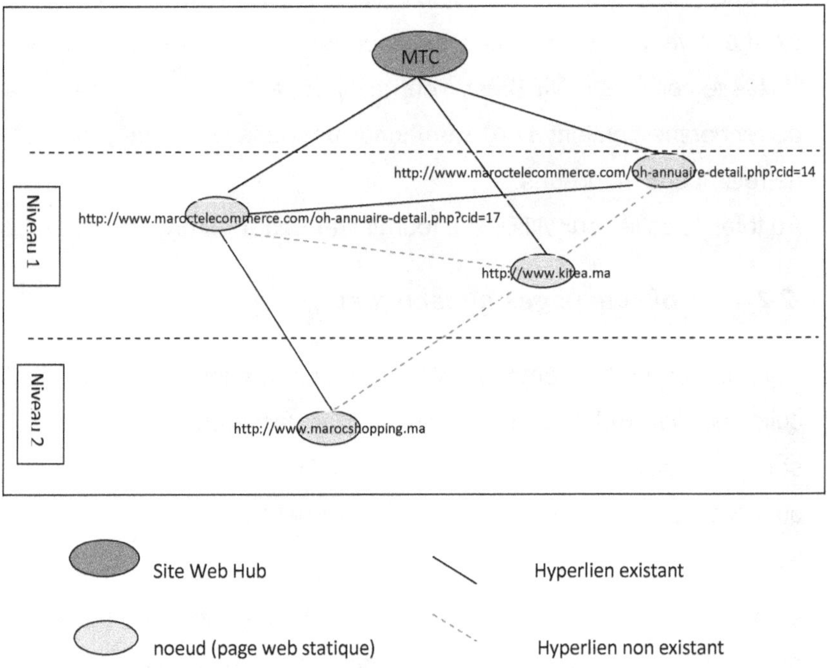

Figure 4.1 Structure de graphe web minimaliste du collecteur WIEBMat

Compiu.com est techniquement un comparateur de prix 100% Marocain, pour cette raison, le niveau de recherche de son colleteur s'interrompt lorsqu'il obtient des URLs dont le nom de domaine n'est pas Marocain. L'algorithme du collecteur atteint donc le niveau trois.

L'analyse des URLs e-commerce Marocains se fait par une première découverte d'URLs , ensuite une simulation de recherche sur les formulaires contenu dans ces URLs.

2.1   Collecte pages statiques

Le premier niveau de recherche de l'annuaire **MTC** contient **152 noeuds** (152 pages statiques), le collecteur WIEBMat n'ont retient que **97**. Le niveau de recherche deux donne un total de 5601 nœuds visités le collecteur WIEBMat n'ont retient que **29**. Le troisième niveau de recherche contient **1770 ramifications**, dans ce niveau, WIEBMat ne retient que 14 nœuds.

Au total, le collecteur WIEBMat fournit **140 URLs de pages Statiques**.

2.2   Collecte pages dynamiques

Pour traiter le problème du Web profond (pages dynamiques), le collecteur WIEBMat fait une simulation de recherche dans les pages statiques qu'il récupère. Cette simulation automatique et non-supervisé est basé sur des navigateurs virtuelles.

Ensuite, en combinant une recherche en largeur à la recherche par sommet, le collecteur WIEBMat récupère une liste de pages Web dynamiques qui sont spécifiques au domaine que nous avons précisé (e.g: produits électroniques).

III. Extracteur

L'extracteur WIEBMat est conçu autour de l'adaptateur [CH01].

3.1   Structuration de pages Web

Les pages Web dynamiques fournit par le collecteur du système WIEBMat sont formatés en langage HTML. Ces documents sont donc structurés dans le format XML.

Seul les pages web dynamiques fournit par le collecteur WIEBMat qui ont un TX>=0.37 sont retenus.

3.2 Extraction de motifs

L'extraction de données par l'approche WIEBMat est conçu autour de l'adaptateur IEPAD [CH01]. Chaque page web XMLisée est transformée en arbre PAT [CH09].

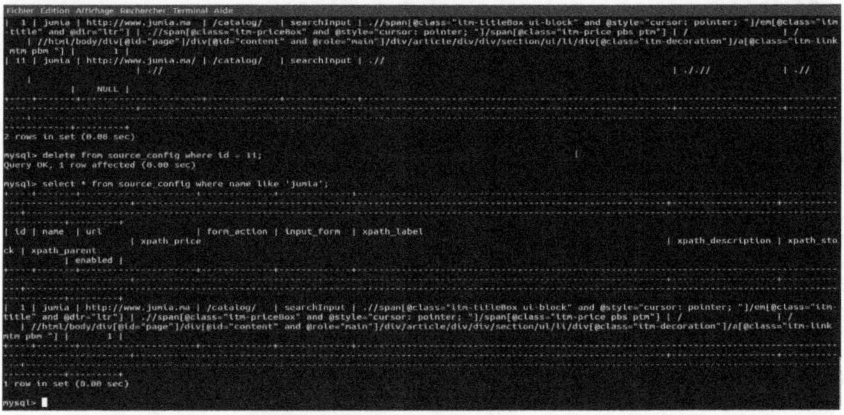

Figure 4.2 Filtrage de motif candidats à partir de l'arbre de décision de l'approche IEPAD.

La figure 4.2 est une extraction de motifs à partir d'une pages Web dynamique issue d'une recherche automatique à partir d'un site e-commerce spécialisé en produits électroménager. Le motif candidat a une variance de motif à 0.56 et une densité 0.98.

3.3 Optimisation de motifs candidats

L'approche WIEBMat optimise la sélection de motifs candidats en se basant sur une pondération des taux de rappel et de précision. Ainsi, une ou deux pages web dynamiques sont injectées dans l'adaptateur WIEBMat, les filtres candidats sont utilisés pour extraire un ensemble d'occurrences. Ces occurrences sont utilisées à leurs tours pour la régénération de nouveau motifs candidats. Le motifs candidats retenus pour un nœud est le motif qui offre la meilleure pondération entre les taux de rappels et les taux de précisions (figure 4.3).

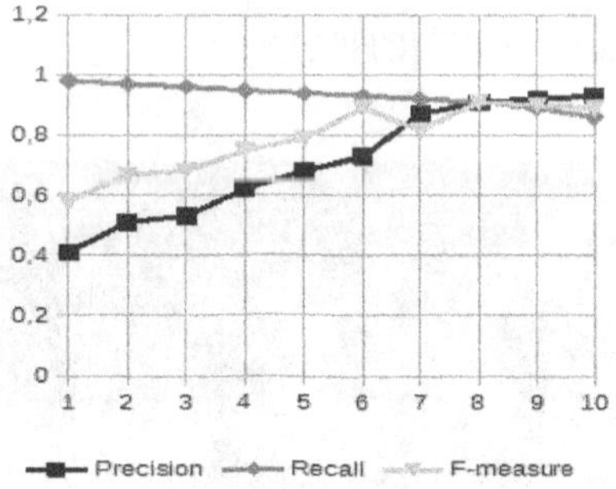

Figure 4.3 Optimisation de motifs candidats.

IV. Intégrateur

La partie intégration de données implique une phase d'analyse, cette phase, d'annotation est généralement faite par des spécialiste du domaine choisit pour être appliqué sur le MRV. A cause d'un manque actuel d'annotation dans le domaine e-commerce, les données extraites à partir des pages web dynamiques sont confrontées à une annotation basée sur des expressions régulières spécifiques à la relation à extraire. La relation d'extraction de Compiu.com est le tuplet:

('libellé', 'description', 'prix', 'stock')

les Regexs utilisées sont :

```
Libellé :      [a-z]+.*?
Description:   (?<text>.*?)
Prix:          \$\d+(?:\.\d+)?
Stock :        \(.* ?)\
```

V. Indexeur et analyseur de requêtes

L'indexation est la classification de l'ensemble des ressources. Pour le traitement du problème de l'extraction de données non pertinentes, l'approche WIEBMAt est basé sur le concept des matrices logiques, seuls les éléments traduits en 1 ou 0 sont insérés dans l'entrepôt de données de Compiu.com.

L'analyseur de requête est l'outil qui permet de retrouver ces ressources en utilisant la requête utilisateur.
L'analyseur de requête de l'approche de WIEBMat est un outil qui prend en compte:

- ✓ L'évaluation du positionnement / tri et de la pertinence des résultats.
- ✓ La rapidité de traitement d'une vaste quantité d'information.
- ✓ Le support de requête (simples / complexes).
- ✓ Les méthodes d'expansion de requêtes.

L'interface utilisateur est disponible sur l'URL: http://www.compiu.com (figure 4.4). L'analyseur de requête comporte un système d'auto-complétion basé sur un système de tokenisation.

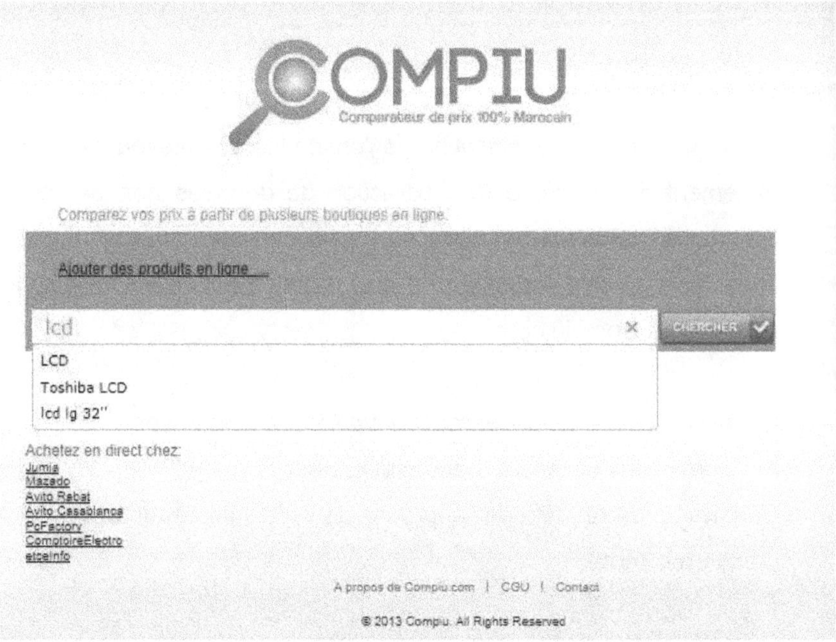

Figure 4.4 Interface utilisateur Compiu.com.

L'importation des prix et des stock des produits du MRV compiu.com est automatique et non-supervisé. La figure 4.5 est la page résultats du MRV compiu.com.

Pour un mot clé 'LCD', le système d'auto-complétion ramène les données:

- ✓ LCD
- ✓ Toshiba LCD
- ✓ LCD lg 32"

Effectivement, l'analyseur de requete de Compiu.com effectue ce que nous appelons une tokenisation des termes pour retrouver tout les jeux de mots dans la racine est le(s) terme(s) entré.

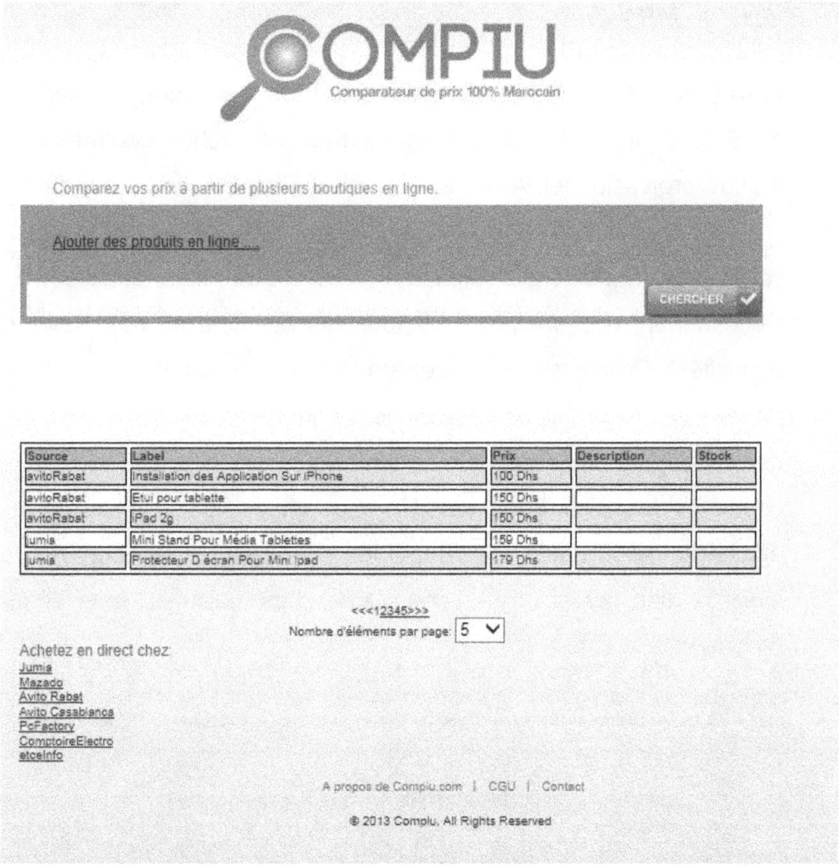

Figure 4.5 Pages web résultat du MRV compiu.com.

VI. Evaluation et comparaison du MRV compiu avec d'autres MRV

Actuellement, les MRV disponibles sur le web sont classés en deux catégories, les MRV B to B et les MRV B to C. Pour son implémentation actuelle, Compiu.com est un MRV B to C, cependant, ce MRV peut bien entendu être appliqué au domaine B to B.

6.1   MRV Zibb

Zibb (figure 4.6) est un nouveau moteur de recherche vertical dédié au B to B. Il permet donc de faire des recherches centrées sur le monde professionnel. Ainsi, pour une recherche avec le jeux de mots « plastic » , les premiers résultats seront une liste de fabricants du secteur de la plasturgie. Différents types de résultats sont fournit en sélectionnant des onglets : All (tous les résultats mixés), News (les actualités), Products et Web général + Blogs. Aussi, Il est possible de générer un flux RSS à partir d'une requête utilisateur. Les résultats permettent de visualiser clairement les mots clés de thématiques connexes les plus fréquents. En cliquant sur Count, vous pouvez afficher le détail statistique de tout les mots clés. Enfin, **Zibb** propose avec le lien « Also try », des recherches voisines à la requête utilisateur.

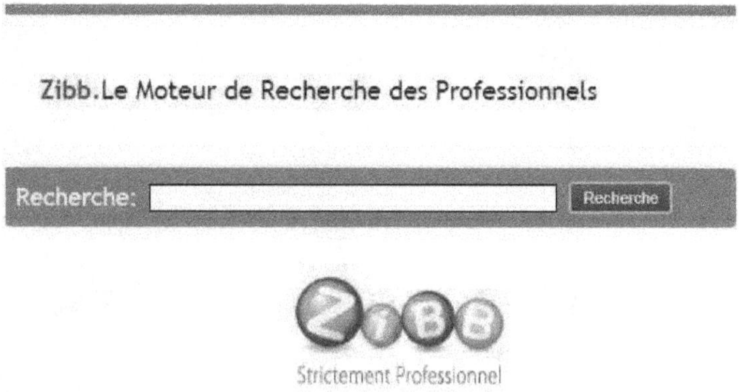

Zibb.Le Moteur de Recherche des Professionnels

Recherche: [   ] Recherche

Strictement Professionnel

Figure 4.6 Interface utilisateur du MRV Zibb.

6.2   MRV properazzi

Ce MRV n'est plus disponible en ligne. Pour cette raison nous n'en donnons pas de . Ce MRV sera inclus dans nos comparaison.

6.3   MRV Yakaz

Yakaz est un MRV spécialisé dans le domaine B to C. Ce MRV spécialisé dans la recherche gratuite de petites annonces à partir d'un contenu de 1500 sites internet spécialisé ou non dans un genre de petites annonces (autos, motos, immobilier et emploi). Yakaz est en mesure de proposer aux internautes une base de données extrêmement complètes référençant plusieurs millions d'offres ayant actuellement cours sur internet.

6.4 MRV gloobot

gloobot est un MRV B to C spécialisé dans le domaine de recherche immobilière. Pour manque d'informations techniques concernant ce MRV. Cette partie sera limité à ces informations.

6.5 Comparaison

MRV	Extraction Temps réel	Application B to B	Application B to C	Collecteur	Extracteur	Intégrateur	Indexation et recherche
Compiu	N	N	O	O	O	O	O
Zibb	N	O	N	N	N	O	O
properazzi	N	N	N	N	N	O	N
Yakaz	N	N	O	N	N	O	N
gloobot	N	N	N	N	N	O	O

O: inclus, N: non inclus

Conclusion Générale et perspectives

La méthode WiebMat est une méthode d'apprentissage inductif qui ne nécessite qu'une poignée d'instances exemples pour générer un adaptateur pour une source de données. L'utilisateur ne se trouve plus face au problème d'étiquetage fastidieux et complet d'un ensemble de pages. De même, il n'est plus nécessaire de faire une analyse des pages, même si un choix judicieux des exemples permet de générer plus rapidement un adaptateur parfait. Pour finir, le format des instances extraites est connu à l'avance car il s'agit du même format que les instances données en exemples à l'entrée de l'adaptateur.

Notre méthode a été évaluée sur différentes sources de différents domaines. Cette évaluation montre que notre méthode permet, dans la grande majorité des cas, d'obtenir un adaptateur fiable. D'autre part, elle s'adapte aux besoins de l'utilisateur en lui permettant de spécifier la relation qu'il souhaite extraire.

Conclusion générale

Cette thèse porte sur le problème de l'extraction d'information à partir du Web. La première partie de ce mémoire est un état de l'art des différents types de méthodes proposés dans la littérature et une présentation des meilleures approches étudiées. Cette partie explique aussi le problème d'extraction de données à partir d'une source Web et le problème de la construction semi-automatique d'adaptateurs.

Dans la deuxième partie, nous présentons la méthode WIEBMAT (Wrapper ENvironement Based on MATrices) qui est une approche basé sur l'apprentissage inductive. Contrairement à ce type de méthodes, celles à base de pages exemples nécessitent un étiquetage complet, fastidieux sans erreurs d'un ensemble de pages exemples. Les méthodes structurelles permettent de détecter certaines régularités de manière automatique mais nécessite l'intervention de l'utilisateur pour choisir le motif d'extraction qu'il souhaite utiliser et de définir comment transformer les données extraites dans le format dans lequel il désire les avoir. Finalement, les méthodes à base de connaissances nécessitent la construction d'une base de connaissances contenant l'ensemble des formats dans lesquelles peuvent se trouver les données.

Nous avons proposé une solution pour la construction d'un adaptateur pour des sources de données Web générique, elle s'appuie sur un ensemble d'instances exemples d'une relation à extraire de la source. Les contextes de ces instances sont alors extraits d'un ensemble de pages de la source. Cette méthode à plusieurs avantages par rapport aux méthodes précédentes, elle permet à l'utilisateur d'exprimer simplement son besoin d'information comme un ensemble d'instances d'une relation à extraire, de plus elle ne nécessite pas une dizaine d'instances exemples comme les méthodes d'apprentissage inductives proposées dans la littérature, mais uniquement de deux ou trois instances. La génération d'un filtre XSLT qui permet d'extraire cette relation se fait en quelque secondes. Ainsi, contrairement aux autres types de méthode d'extraction de données, les adaptateurs basés sur l'apprentissage inductif s'adaptent aux changements de format de la source sans intervention humaine, cette reconstitution est automatique, de plus, elle est facilitée par l'utilisation des mêmes instances exemples utilisées pour les anciens filtres.

Un autre problème auquel nous nous sommes confrontés, est celui de la généricité des sources Web sur le Net, chaque source de données possède son propre système de requêtages, donc il fallait absolument étudier celui-ci pour chaque cas de figure, ainsi, nous pouvions générer une classe qui pouvait à partir d'un ou plusieurs mot clé, construire l'exacte URL qu'aurait généré la source de données Web originale.

Les idées développées dans cette thèse ont été mises en œuvre et expérimentées. Dans la troisième partie de ce mémoire, nous présentons l'implémentation de notre approche qui est le système BERG. Cet outil est un Meta moteur de recherche générique. On a testé cette implémentation sur plusieurs types de sources de données dont : les moteurs de recherche, les annuaires et les catalogues de produits, puisqu'ils sont les mieux placées pour exposer l'utilité d'un tel adaptateur. BERG fonctionnent en deux modes, dans un premier temps et en back-office. Ce système configure autant de sources de données voulues. Pour se faire, l'administrateur doit saisir les informations suivantes : le nom de la source de données, son URL, l'URL de la page résultats d'une requête de teste et l'URL de la page suivante pour étudier le système de requêtages de celui-ci. Ensuite, l'administrateur doit entrer autant d'instances exemples que nécessaire, jusqu'à ce que le filtre XSLT soit généré. En FrontOffice, l'utilisateur utilise le Meta moteur de recherche, en entrant un ou plusieurs mots clés et obtient toutes les réponses a collecter en utilisant les informations extraites des différentes sources de données préconfigurées, en utilisant un format d'affichage unique, en sélectionnant les meilleurs résultats et bien évidement et en supprimant les doublons.

Perspectives

XMLisation

La transformation des pages Web codées en HTML sous un format XML constitue une partie de prétraitements des entrées d'un adaptateur qui extrait de la donnée à partir du Web.

L'algorithme d'XMLisation doit répondre aux normes W3C qui définissent la structure et la syntaxe d'un document XML.

Au cours du formatage d'une page Web, on peut obtenir une page XML qui répond à ces normes mais qui ne garde pas la structure du document original, ce qui crée un problème majeur quant au calcul des différents contextes de la donnée pertinente. Ainsi, nous souhaitons optimiser notre algorithme et concevoir un indice qui permettra de calculer le taux de ressemblance entre la structure du document HTML et le document XML.

Optimisation du temps de réponse du système Compiu

Le temps de génération du filtre XSLT adéquat pour chaque source de données est relativement sans importance comparé au temps que prendra l'adaptateur à répondre aux requêtes des utilisateurs du système BERG, puisque la génération de ce filtre est une opération qui n'est réalisée qu'une seule fois lors de la configuration de ce système.

Nous avons obtenu un temps de réponse correcte et aujourd'hui nous avons découvert comment le réduire encore plus. Nous avons longtemps pensé que c'est le processus d'XMLisation qui ralentissait le fonctionnement de notre adaptateur.

Nous avons donc comptabilisé ce délai qui s'est avéré être très faible par rapport au temps que prend le fonctionnement intégral de BERG.

Nous avons ainsi divisé les cinq grandes parties du processus d'extraction de données selon l'approche WiebMat et enfin de compte nous nous sommes rendu compte qu'en fait, une grande partie du temps est consommer lors du parcours des fichiers XML par l'adaptateur lors de la recherche des instances de la relation à extraire.

Nous avons développé une application qui représente une fonction qui a pour entrer plusieurs fichiers XML de tailles différentes, la sortie de cette fonction est le temps de parcours de ces documents. Le tableau 4.1 représente les résultats obtenus :

Taille du fichier (ko)	Temps pour un parcours (ms)
121	637
54	452
34	365
17	201

Tableau 5.1 : Comparaison entre le temps de parcours d'un document XML et la taille de ce fichier.

Le temps de parcours d'un document XML est une fonction quasi-linéaire par rapport à la taille de ce document, ainsi, et comme prochaines perspectives, nous allons essayer de réduire au maximum la taille des documents XML en enlevant le plus de données que nous pouvons affirmer être de la donnée bruitée à condition que cette suppression n'affecte pas la structure de ce document.

Problème des pages intermédiaires

Certaines sources de données informationnelles sur le Web proposent ce qu'on appelle des formulaires intermédiaires de recherche. Par exemple, un catalogue de vente de produits électroniques en ligne, proposera en premier lieu un champ pour la saisie d'un ou plusieurs mots clés se référant à une recherche commune. Dans les meilleurs des cas, nous obtiendrons directement des pages résultats. De temps à autre, on peut utiliser une source de données qui propose des pages intermédiaires pour affiner la recherche, par exemple qui propose des champs de saisie, des cases à cocher ou bien des listes déroulantes dans le but d'affiner la recherche. Nous n'avons pas encore pu trouver une approche pour pouvoir traiter ce cas de figure, d'abord parce que c'est un problème générique, puisque chaque source de données proposera ses propres pages intermédiaires, mais surtout parce que le système qui traitera celle-ci ne pourra pas traiter aussi des sites Web qui n'utilisent pas de formulaire de recherche intermédiaire pour la simple raison que le système BERG actuel traite les pages retournées après la phase d'XMLisation pour des pages résultats.

Dans le cas idéal, et pour automatiser le fonctionnement de l'implémentation de l'approche BERG, aucune intervention humaine ne devrait être nécessaire. Avec les pages intermédiaires, l'administrateur se retrouve avec des pages qui doivent être réinjectées à l'entrée de l'adaptateur BERG jusqu'à obtenir des pages résultats et étudier le système de requêtages de toutes les pages obtenues à sa sortie.

References

[CH09] C.Chang., C., Hsu., Automatic Extraction of Information Blocks Using PAT Trees., ACM-DL., June., 2009.

[BRO00] A., Broder., Graph Structure in the Web., ACM-DL., June., 2000.

[BLW86] N., Biggs., E., Lloyd., R., Wilson., Graph Theory., Oxford University., 1986.

[KBM99] R., Kumar., A., Broder., F., Maghoul., Altavista: Seach Engine., October, 1999.

[HLR09] H., Cormen., E., Leiserson., R., Rivest., Introduction To Algorithms., MIT Press., Third Edition., 2009.

[HLR01] H., Cormen., E., Leiserson., R., Rivest., Introduction To Algorithms., MIT Press Second Edition., 2001.

[KUS97] N., Kushmerick., Wrapper Induction for Information Extraction., Conference on Artificial Intelligence., Pages 729-737., 1997.

[KUS00] N., Kushmerick., Wrapper Induction : Efficiency and expressiveness., Artificial Intelligence., 2000.

[MMK98] I., Muslea., S., Minton., C., Knoblock., Learning extraction rules for semi structured web-based information sources.,Proceedings of AAAI-98, Workshop on AI and information integration., AAAI Press., 1998.

[MUS99] I., Muslea., Extraction patterns for information extraction tasks: A survey., The AAAI-99 workshop on machine learning for information extraction., 1999.

[MMK02] I., Muslea., S., Minton., C., Knoblock., Active and semi supervised learning equal robust multi-view learning.,Proceedings of the nineteenth International Conference on Machine Learning., Pages 435-442., Morgan Kaufmann Publishers Inc., 2002.

[HSU98] C.,HSU., Initial results on wrapping semi-structured web pages with finite-state transducers and contextual rules.,Workshop on AI and Information Integration., AAAI Press., 1998.

[CH01] C.,Chia-Hui,L., Shao-Chen., IEPAD: Information Extraction based on Pattern Discovery.,Proceedingof the ACM WWW10 Conference., ACM Press, 2001.

[CH03] C.,Chia-Hui,L., Shao-Chen., Automatic Information Extraction from semi-structured Web pages by pattern Discovery., Decision Support Systems Journal, April 2003.

[CMM01] V.,Crescenzi,G., Mecca., P., Merialdo., ROADRUNNER: Towards Automatic. Data extraction from Large web sites., VLDB Journal., pages 109-118., 2001

[BDE06] H., Ben Lahmer., A., Sdigui Doukkali., A., El ouerkhaoui., A new solution for data extraction: Gene/Clone., IJCSNS Journal., Volume 8., Number 11., November., 2006.

[BRI98] S., Brin., Extraction Patterns and Relations from the World Wide Web., Proceedings of the world wide web and databases., International workshop WebDB98., Number 1590., Spain., March, 1998.

[HQ01] B.,Habegger,M.,Quafafou., A pragmatic approximation operator., Bulletin of International Workshop on Rough Set Theory and Granular Computing., Volume 5 , pages 51-56, May 2001.

[HQ02] B.,Habegger,M.,Quafafou.,Multi-pattern wrappers for relation extraction., Proceedings of the 15th European Conference on Artificial Intelligence., Amsterdam, 2002. IOS Press.

[HQ04] B.,Habegger,M.,Quafafou., Web services for information extraction from the web. Proceedings of the IEEE International Conference on Web Services, 2004.

[HQ05] B.,Habegger,M.,Quafafou.,WetDL: A web information extraction language., Proceeding of the third international conference on Advances in Information systems, Turkey, 2005.

[HJJ01] S.,Heekyoung,Y.,Jaeyoung., C., Joongmin., Knowledge-based wrapper generation by using XML., IJCAI-2001 Workshop on adaptative text extraction and mining , Washington, August, 2005.

[TAS13] Wintask Software., Property of TaskWare Inc., 1997-2013.

[Tea13] Retroweb Software., Property of Kipp Teague., 2013.

[ED08] A., El ouerkhaoui., A., Sdigui Doukkali., WIEBMat: a new information extraction system., IJCSNS Journal., Volume 8., Number 11., November., 2008.

[EA13] A., El ouerkhaoui., D., Aboutajdine., Pattern Discovery and analysis from semi-structure Data: Automatic regeneration of patterns., JATIT Journal., Volume 53., Juillet 2013.

[BDE06] H., Ben lahmer., A., Sdigui Doukkali., A., El ouerkhaoui., A solution for data extraction by a new approach: The method Gêne/clone., ICT4M., Kuala Lumpur., Malaysia., 2006.

[BDE06] H., Ben lahmer., A., Sdigui Doukkali., A., El ouerkhaoui., BERG 2.2: A meta search engine for on-line directories., ISCIT., Bangkok., Tahiland., 2006.

[ED06] A., Sdigui Doukkali., A., El ouerkhaoui., Comment rendre le contenu informationnel sur Internet intelligible, WOTIC., Rabat., Maroc., 2006.

[EDA08] A., El ouerkhaoui., A., Sdigui Doukkali., D., Aboutajdine., Extraction d'information à partir d'Internet., AMINA., Monastir., Tunis., 2008.

[EDA09] A., El ouerkhaoui., A., Sdigui Doukkali., D., Aboutajdine., WIEBMat: a new information extraction system., European Conference on Data Mining., IADIS., Algavar., Portugal., 2009.

[EDA09] A., El ouerkhaoui., A., Sdigui Doukkali., WiebMat a new information extraction System JDTIC., Rabat., Maroc., 2009.

[EDA09] A., El ouerkhaoui., A., Sdigui Doukkali., D., Aboutajdine., Génération d'adaptateurs à partir de pages étiquettées., Pages 24-25., WOTIC., Agadir., Maroc., 2009.